雪域梵歌

藏傳佛教流傳最神奇的故事

活佛確真降措仁波切

堪布土丹尼瑪仁波切————審訂

原書名：荒漠千年的藏傳弗教故事

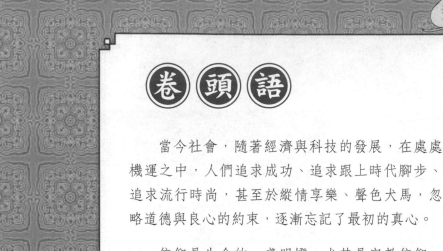

卷頭語

當今社會，隨著經濟與科技的發展，在處處機運之中，人們追求成功、追求跟上時代腳步、追求流行時尚，甚至於縱情享樂、聲色犬馬，忽略道德與良心的約束，逐漸忘記了最初的真心。

信仰是生命的一盞明燈，尤其是宗教信仰，一直是穩定人心的最大力量，指引著無數的迷途羔羊找到光明的道路。在生命的無盡輪迴中，宗教給了人們一個堅定的期待：今生種下善良的種子，來世必將收穫愛的果實。

宗教就像一條河，千百來以來，流過了歷史時空，流到現代並奔向未來，讓我們省悟生命的價值，啟示著我們放眼美好的未來。

在迷亂的年代，但願本系列書籍的出版能讓您找到自己的價值、找到心靈的平靜，並給您勇氣與信心。

前言

　　傳說在西元三世紀的一天，在雍布拉康的上空，飄來了一片祥雲，忽然間一道金光閃過，一本經書從天空中徐徐降下，掛在了雍布拉康的屋頂上。二十八世藏王急忙伏地叩拜，焚香祈禱，佛教就這樣傳到了西藏。

　　在藏傳佛教漫長的歷史發展過程中，形成了許多優美的、令人耳熟能詳的佛教故事。比如，淨土和轉世的故事；女神、婆羅門徒、學者和痲瘋病人的故事；揭露因果法則、業力連鎖的公正故事；有關寺廟、兒童、遊牧部落、監獄、魔鬼以及精靈的故事；朝聖者及聖賢、聖物和避邪物、神通、詛咒、治病和復活的故事；歷史逸事；有關比丘、比丘尼和尋常百姓、動物及夢的故事；騙子、寶物遺失及覓得的故事；頓悟和其他開悟經驗的故事等等。

　　本書在去蕪存精的基礎上，選取了100則最具代表性的藏傳佛教故事編輯成冊。這些故事通俗易懂，以心傳心，逐漸灌輸智慧與慈悲，易於被人接受；無論是閱讀、吟唱，還是哲理，都簡短扼要，又富於變化，可讀可講，足以引起大家的興趣。

　　推出藏傳佛教故事的目的，在於透過保存和傳播崇高的佛法教導，以激發、教導、陶冶和娛悅人們，最終引領人們達到開悟。因為它們是最具普遍性的故事，超越任何特殊文化或宗教的關聯，令所有眾生在大圓滿的光明中覺醒。

目 錄

第一章
祥瑞篇

第二章
神通篇

第三章
智慧篇

第四章
開悟篇

第五章
道德篇

第一章

祥瑞篇

犬齒裡的佛光

堅定的信念可以讓你在狂風暴雨中始終相信雲開霧散，而佛陀的慈悲就是風歇雨霽之後的七色彩虹。佛陀的加持無處不在，只要你對恩賜敞開心胸。

雅魯藏布江沿江谷地平緩開闊，兩側高山聳入雲端，周圍全是鬱密的原始森林，在孤峰攬勝的南迦巴瓦峰下住著一位虔心向佛的老婦人，她整日轉經唸佛，遙遠的布達拉宮是她寄宿心靈的唯一天堂。

她有一個兒子是個商人，很少在家，經常跟隨商隊到遙遠的印度去販運貨物。

有一天，老婦人對兒子說：「聽說印度的菩提迦耶是佛陀悟道的聖地，你到了那裡一定要記得帶顆珍貴的舍利子回來給我，我要把它供在佛堂上，視為佛陀聖體來祈禱、禮拜。」

兒子十分孝順，隨即答應了下來。

在兒子臨行時，老婦人又千叮嚀萬囑咐了一番，生怕兒子忘記。

誰想到，兒子從印度聖地經商回來，給母親買了許多禮品，卻偏偏忘記了請舍利子回來給母親。

他滿懷愧疚地回到家中，紅著臉向母親道歉。

母親慈愛地對他說：「不要太內疚，你也太辛苦了，還是早些休息吧！」

　　第二天吃早餐的時候，母親卻一改昨日的歡顏，一臉嚴肅地說：「昨天晚上我沒有責怪你，是因爲你太累了，希望你早點休息。但是該說的還是要說，我們藏民一向都是講信用的，答應別人的事一定要做到！」

　　兒子急忙點頭稱是。

　　過了幾天，兒子又要啓程前往印度，母親送他出山外，拍著他的肩膀說：「兒子，這趟旅程務必記住我的話，如果你這次不把舍利子帶回來給我，我就死在你面前！」

　　兒子被母親出乎意料的強硬態度所震驚，指著天發誓，一定會實現她的願望。

　　幾個月後，兒子生意結束啓程返鄉，但他又忘記了爲他的慈母請購一顆佛陀的舍利子。

　　當他走到母親的屋前，才突然想起她的囑咐。他心裡想：「母親在我臨走前曾囑咐我請購舍利子，如果我空手回家，她就會自殺的！」

　　一想到這裡，兒子便急得滿頭是汗，連連跺腳說：「糟了，糟了，我該怎麼辦才好？」

　　他驚慌失措地四處張望，不經意間瞥見路旁有個死狗乾枯的頭骨，他想了想，突然有了主意：「何不用狗的牙齒來冒充佛陀的舍利子！這樣做雖然對佛陀大不敬，可是爲了慈愛的母親，也只能如此了。」

　　兒子急忙跳下馬來，在死狗的上顎拔下一顆牙齒，愼重地用絲綢包好。回

到家裡後，他很虔敬地把包裹交給母親。

「這是佛陀的牙齒。」他說，「我從佛的故鄉——印度請回來的，您可以用它做為祈求的支柱。」

老婦人將放有狗牙的小包裹緊緊地抱在懷裡，禁不住熱淚盈眶。老人對那顆牙齒有了絕對的信心，相信它真的是佛陀的牙齒。從此不斷地禮拜、祈求，視之為諸佛的示現。

經過這樣的修行，老婦人終於找到了長久以來一直在尋求的不動搖的寧

靜。

在一次禮拜時，供桌上的狗牙突然發生了奇妙的變化，生出了無數半透明的小珍珠，而且放射出漩渦式的彩虹光芒。鄰居們聞訊後，爭先恐後地聚在老婦人的佛堂裡，他們都免費得到這些加持物，一個個歡喜異常。

在老婦人臨終時，一片彩虹光罩住了她，她枯乾的臉龐上浮現出快樂的笑容，每個人都認爲她已經獲得了精神上的昇華。

關於密宗

　　密宗教主是蓮花生大士。傳說是釋迦牟尼覺得佛法還沒有講完，從蓮花中化生，在西藏開創了密宗。密宗後來傳入漢地，稱唐密，傳入日本，稱東密。密宗的口號是「即身成佛」，有身密（如結手印）、口密（如咒語）、意密（如觀想）三密。修氣、脈、明點。密宗必須口口相傳，而且有嚴密的儀軌，這是因爲其危險性較大，容易走偏。要學密宗，必須有兩個前提，一明佛理，二有上師。

佛像開口

　　讓我們的心靈不受傷害和扭曲，最大的法寶就是愛，只有懂得不去記住侮辱、傷害，讚美的心靈才能真正瞭解什麼是愛。擁有了這顆純真的愛心，也就看到了佛的心。

　　拉薩的大昭寺是西藏最神聖的寺廟，裡面供奉著一尊古老的佛像，叫做賈哇仁波切（意譯為殊勝，尊貴之主）。它是唐朝的文成公主從長安帶來的一尊釋迦牟尼十二歲時的等身鍍金像，在佛教界具有至高無上的地位。依照西藏的傳統，每個人進入廟宇之前，習慣上要做三次頂禮，在神龕及偉大的喇嘛面前亦然。

　　班住在康波省，長久以來就一直渴望去參訪大昭寺和那尊藏民心中最神聖的佛像。

　　終於有一天，班的夢想實現了。

　　這位勇敢的朝聖者穿上旅行用的靴子，帶著妻子親手做的糌粑，繫上腰刀，朝著遙遠的拉薩徒步出發了。

　　當班千辛萬苦地來到拉薩，欣喜若狂地走上街頭時，展現在他眼前的正是諸神所在輝煌燦爛的城市，是那麼的美妙和莊嚴！拉薩這個天上的街市，在太陽底下生動得像一首曲調永遠高昂的藏族山歌。透明而單純的陽光使班感覺到內心所有髒的東西、醜的東西和悲傷、疼痛、不高興都全部從身體裡烤出來蒸

發掉了。他放眼望去，布達拉宮高高地矗立在眼前，那是大悲觀世音化現的達賴喇嘛駐錫處，也是無數朝聖者虔誠的眼中最壯麗的景象。雄偉莊嚴的沙拉寺和哲蚌寺，這時也活生生地展現在他的面前，那兒的虔敬莊嚴與學術研究，幾百年來都是無與倫比的。

一切彷彿就在夢中。

「活著真好啊！」這位朝聖的年輕人喃喃自語道。

班壓抑著激動的心情，走進了大昭寺，這座寺廟位於拉薩的中心，就像一頂鑲滿寶石的王冠上面正中的那顆鑽石。

瞧啊！那面帶微笑的賈哇仁波切，莊嚴輝煌地高聳在班的面前。

這位風塵僕僕的朝聖者振作精神，要在佛像前頂禮膜拜。他摘下佈滿灰塵的帽子，脫下破損不堪的靴子，並把它們放在賈哇仁波切的腿上，然後才去禮拜。

班看見一排排金光閃爍的酥油燈和一長列青稞粉做成圓錐狀的多瑪，整齊地供在佛壇上。他看了看賈哇仁波切親切的態度，感到十分溫暖。

「我可以品嚐一下嗎？」班真誠地問道。

「吃吧，康波來的孩子！」賈哇仁波切竟然開口說話了。

於是班小心翼翼地把多瑪浸在那照亮整個聖殿的供養燈的酥油裡，津津有味地吃了起來。

班一邊吃一邊說：「尊敬的賈哇仁波切，到我家裡去做客吧！我的家雖然簡陋，可是我美麗的妻子會很樂意宰殺豬圈裡最肥的那頭豬來供養你的。」這個純真的農人哪裡知道慈悲的佛是主張和平不殺生的。

就在這時，一片耀眼的陽光剎那間充滿了原本黯淡的殿堂，一位駝背的看廟老喇嘛推門進來了。門開得很突然，彷彿是它自己的力量使然，難道看廟的老人是被一股無形的力量召喚來的嗎？

老者吃驚地看著闖進佛堂裡的陌生人及那些原本排列整齊，現在卻是一片雜亂的供品。當他看到破爛不堪、滿是灰塵的帽子和靴子竟然放在佛像金色的腿上時，不由得勃然大怒。

憤怒至極的老喇嘛用顫抖的雙手去抓班放置的骯髒靴子，還沒有觸及到時，一個深沉令人折服的聲音，從微笑的賈哇仁波切口中傳出：「放手！這些是我康波來的弟子之物。」

老喇嘛大吃一驚，隨即在佛像前的石板上頂禮三次，並請求佛陀的原諒。

當班回到康波時，那奇蹟的消息早在他回來之前便傳遍了。人們爭先恐後地向他求證關於佛像開口的傳言，但班本身並沒有把這件神奇的事情和他自己聯想在一起，只是對詢問的人說：「這個年代你們都不知道該相信什麼！」

據說佛陀真的接受了班天真的邀請。

一天，班在他屋旁一潭清澈泉水裡的石頭上看見賈哇仁波切的金臉。他將手探入水中，試圖將佛像扛回家，可是佛像實在太沉重了，一不注意便失手把微笑的賈哇仁波切掉落在地上。班想再次背起時，卻發現它嵌入土裡變成了一塊大岩石。

直到今天，在偏遠的康波地區，那些不曾去過遙遠的拉薩朝拜的藏民，仍然在那塊受到加持的岩石前禮拜、繞行。

拉薩的大昭寺也許是太遙遠了，可是這些虔誠的人依然堅信尊貴的賈哇仁波切就住在附近。

六字真言

唵、嘛、呢、叭、咪、吽。它是藏傳佛教中最尊崇的一句咒語，密宗認為這是秘密蓮花部的根本真言，亦即蓮花部觀世音的真實言教，故稱六字真言。「唵」表示「佛部心」；「嘛、呢」二字，梵文意為「如意寶」，表示「寶部心」，又叫嘛呢寶。據說此寶隱藏在海龍王的腦袋裡，有了此寶，各種寶貝都會來聚會，故又叫「聚寶」。「叭、吽」二字，梵文意是「蓮花」，表示「蓮花部心」，比喻佛法像法像蓮花一樣純潔。「咪」表示「金剛部心」，是祈願成就的意思，意即，必須依靠佛的力量才能達到「正覺」成就一切、普渡眾生、最後成佛的境界。

虹光身

不要因為眾生的愚疑，而帶給自己煩惱。不要因為眾生的無知，而痛苦了你自己。

康地靠近宗薩寺有個村落叫嘛呢千果，那裡發生了一件神奇的事情。一個衣著普通、默默無聞的老人，死後竟然化現出證得的最高成就——殊勝虹光身的跡象，令每個人都驚訝萬分。

虹光身是一殊勝的成就，是經由有效地修習金剛乘佛法而得之的結果。沒有人知道那個老人是位佛教無上大圓滿教法有證量的修行者。他從小就在一個富有家族當僕役，中年時辭去了那份差事，到寧瑪派的一個寺廟去修學禪定。從此，他成了雕刻嘛呢石者，每日的工作就是將六字真言「唵嘛呢叭咪吽」雕刻在石頭上，再將它們堆積成一座類似佛塔的大石堆。「唵嘛呢叭咪吽」是廣傳的大慈大悲觀世音佛的真言，簡單地說，就是「敬禮蓮花寶」，隱含它神秘而殊勝的意義。

老人白天辛辛苦苦地工作，晚上還要按時禪修，每天僅僅睡兩三個小時。他是個善良、純樸的人，總是熱心地幫助那些需要幫助的人，那簡陋的住屋時刻為朝聖者和乞丐敞開著。

老人的兒子是個出家人，居住在廟裡。每次回來看望父親時，都勸他要多做些正式的修法，譬如禪坐、修行瑜伽等等。

一天，那位年輕的比丘又向老父親表達了自己慣有的看法。

「我親愛的兒子啊！內在的覺醒才是修行的重點。」父親告訴那位熱誠的出家兒子：「只有保持內在的清明覺性，才能看到事物的本來面目。」

老人積勞成疾，在他過世的前三年，終於支撐不住了，臥倒在床。家人為他的健康日夜煩憂，而他本人卻日益歡喜。他每日只是唱些精神讚頌的歌，既不修儀軌也不持咒誦經或祈求文，似乎完全拋棄各種宗教的形式。

他的兒子再次勸他精進修法，老人說：「除了明心見性，了悟個人本具的佛性外，沒有什麼是值得崇拜的。」

在老人彌留之際時，家人為他請來許多喇嘛和醫生。

兒子提醒他說：「父親，現在是您回想所接受過所有佛法最重要的時刻了！」

老人微笑著說：「兒子，我早已忘記了宗教是何物。一切如夢似幻，沒有什麼是需要記憶的。我很快樂，因為一切都是圓滿的！」

接著，這位安祥快樂的老人提了他僅有的願望：「答應我，在我死後的一星期內不要移動我的身體。」家人含著眼淚答應了老人的請求。

老人去世後，家人用他生前穿過的舊衣服來包裹屍體。喇嘛們也開始為他誦唸修法，在超渡儀式正常進行時，家人們卻驚訝地發現，老人原本高大的身材，似乎在慢慢地變小，同時在屋子的上方出現了一道彩虹。

家人們每次去小房間裡探視屍體時，都會發現屍體正在不可思議地縮小。

家人們將火葬儀式安排在第八天早上，當他們解開老人的壽衣時，發現除了指甲和頭髮外，空無一物，在場的人大爲驚駭。房門一直鎖著，是不會有人到房間裡把屍體移走的。老人的兒子帶著巨大的疑問去請教當地寺院的住持宗薩欽哲仁波切上師。宗薩欽哲仁波切回憶說，這種情形以前曾發生在大圓滿上師身

上。毫無疑問，老人已成就了傳奇的虹光身。老人的肉體轉化成燦爛的光，這是大成就者的證悟境界，是一件意義深重、不平常的事情。

甚至今日，一些有成就的上師仍不爲人知地生活在我們的周圍，他們將深奧的精神修行與日常生活巧妙地融合在一起，而內在的成就卻很少被人察覺。

琳賽格西

該學銜排在措然巴格西之後，是某位學僧在拉薩三大寺中的任何一寺內透過答辯佛教經論而考取的一種格西學位。多然巴格西，是某位學僧在各大寺院大經堂門前的石階上舉行的法會上，透過答辯佛教經論而獲取的一種格西學位，排在琳賽格西之後。凡是具備條件的各大寺院均可授予多然巴格西的宗教學銜。

母親的奇遇

　　世界原本就不是屬於你，因此你用不著拋棄，要拋棄的是一切的執著。萬物皆為我所用，但非我所屬。

　　甘珠仁波切的母親每天習慣虔誠地唸誦發願祈求文，祈求能夠往生西方極樂淨土。她是一個普普通通的家庭主婦，從來都沒有做過獨自的閉關或深奧的禪修。祈禱、德行和虔誠是她一向堅持的修行方法。

　　在臨終前，母子二人回到涅摩最波隆地方一個具加持力的山洞。

　　她常常在那裡看到阿彌陀佛的影像，可是她並不認得。

　　「有位紅色發亮的比丘每天來這兒做什麼？」她問喇嘛兒子。甘珠仁波切一言不發，只是會心地微笑。

　　有一天，她對兒子說：「那位莊嚴的紅色比丘一天比一天清晰了，他一定是位本尊。」

　　甘珠仁波切這時才說：「親愛的母親，那是尊貴的阿彌陀佛，祂是來回應您的祈求，迎接您到西方極樂淨土去的，這是祂的願力。」

　　老婦人聽後，熱淚盈眶。「祂竟然會垂顧我這樣的人！」母親有些受寵若驚了。

　　就在那一瞬間，她頓悟了。「現在阿彌陀佛不再是存於我的心外！」她高

興地宣說。

「親愛的母親，祂一直都在您的心裡！」甘珠仁波切回答。

一天，她對兒子說：「兒啊，我每天都看到一個長滿鬍鬚的瑜伽士來造訪，那個人是誰啊？」

「我沒有注意到。」喇嘛回答說。

「我明明看見他常常來這裡的呀！」母親有些著急地說道。

「好吧，下次他來的時候告訴我一聲。」兒子怕母親著急，安慰她說。

第二天，老婦人在洞裡床上大聲叫道：「兒啊，兒啊，快來看！」甘珠喇嘛快步走進洞裡，看到一位身穿白袍的瑜伽士威嚴地站在那兒。他頭頂髮髻綁著一小冊祈求文，有一半長髮則散亂地披在肩上。

「歡迎您的到來，能不能告訴我您的名字？」甘珠仁波切熱情地說。

「我是依喜嘉措的弟子梭依喜旺秋。」這位造訪者回答道。

「您住哪兒呢？」甘珠仁波切再次追問。

「我居住在上方佛淨土。」他一邊說一邊用手指了指對面的山坡，「我有三個兒子和一個女兒。最大的兒子為東藏人民服務，最小的那個和蓮師在銅色山。只有二兒子陪著我，女兒則投生涅摩為地神。」

「您修什麼法呢？」甘珠仁波切請教說。

「蓮花生大師和他的空行母明妃依喜嘉措傳授給我的十七部大圓滿密

續。」

甘珠仁波切懇請他向自己傳授這個口傳，並深深地三頂禮。梭依喜旺秋就記憶唸誦十七部大圓滿密續，那對欣喜若狂的母子則用心聆聽。

「我的舊書在上面，它可以幫助你們修行。」瑜伽士再次指向那座山峰，然後便消失了。

甘珠仁波切攀上山邊的岩石，發現那裡有一個荒蕪廢棄的山洞，這就是那位瑜伽士曾經的住所。甘珠仁波切在洞中找到了梭依喜旺秋寫在宣紙上的無價手稿，上面記載著十七部大圓滿密續，梭依喜旺秋在十一世紀以前曾經得到依喜嘉措的加持。

甘珠仁波切留在山洞裡直到他的老母親辭世。母親最後的時刻寧靜地坐於定中，她的臉上現出至樂的神采。這一切，正如她所感悟的那樣，心中從來都沒有與阿彌陀佛分開過。就這樣，這個真正的修行者平靜地離開這夢幻般的世界。

密宗法器之金剛橛（Dorje Phurba）

「多吉普巴」（Dorje Phurba）即「金剛橛」的藏語音，為藏傳佛教密教常見法器之一。金剛橛：原來也是兵器，後來被密教吸收為法器，有銅、銀、木、象牙等各種材料製成，外形上大同小異，都是有一尖刃頭，但手把上因用途不同而裝飾不同。有的手柄是佛頭；也有的是觀音菩薩像，頭戴五骷體冠，最上端又有馬頭。它含有忿怒、降伏的意思。金剛橛又叫四方橛或四橛，修法時在壇場的四角樹立，意思是使道場範圍內堅固如金剛，各種魔障不能來危害。

大師與水晶

來是偶然的，走是必然的。所以你必須隨緣不變，不變隨緣。

一次，第一世蔣貢康楚在黎明時分有個正觀。他看見亦師亦友的文殊怙主蔣揚欽哲旺波坐在一座壯麗無比、半透明的寺廟上空，周身環繞著輝煌的光芒。文殊怙主蔣揚欽哲旺波的肉身似乎化成了閃爍發亮的彩虹旋光。

康楚十分激動，虔誠地一再頂禮，同時唸誦皈依祈求文、發菩提心、七支供養並且求法。

欽哲心中那寂靜點的四周彷彿排列著整座宇宙壇城，當中有一個光芒四射的蓮花座，蓮花生大師就坐在上面。

欽哲旺波修習本尊相應法的生起次第，化為本尊，然後傳授密續灌頂，當他將盛滿甘露的耀眼聖杯放在康楚的頭上時，康楚的心中立刻充滿了無以言喻的喜悅之情。

這時，從欽哲旺波的心中化現出一塊完美的水晶，它晶瑩、光亮、輝煌、純淨無瑕而且透明。欽哲將神奇的水晶展示給康楚看，顯現出它多彩的光芒和驚

人的力量。

欽哲說：「萬物本來純淨圓滿，就像水晶一般清澈透明；在水晶燦爛光明的映照下，任何化現在眼前的色相，全都變成了永遠任運存在的淨光。藉著光明我們看見與被看見，無礙創造所示現的一切。在虛幻、變化不定的自我顯現中，內、外，自、他，有什麼差別？此遍一切處，本自存在者，具足開闊、自在、無染、空與無礙：其本性晶瑩剔透，透視萬象而無念，保持無惑，永遠自在而安適。」

蔣貢康楚此時毛髮豎立，他清晰地察覺到自己那本具的佛性正在閃爍輝煌神奇的光芒。同時，欽哲旺波的幻身慢慢地融入燦爛光芒中，就像彩虹一樣消失在虛空。

當蔣貢康楚恢復知覺時，天已破曉。

這兩位大師不曾再為分離的幻相所欺騙，一齊實證了本具的佛性，登上普賢王淨土的法座。

密宗法器之金剛鈴（Vajra Bell）

　　金剛鈴也是修法時用的法器，柄端也有佛頭、觀音或五股金剛杵形。這五股金剛杵形稱為五生牯鈴。鈴的意思是驚覺諸尊，警悟有情的意思。在和金剛杵一起使用時，就有陰陽的含意在其內，一般以金剛杵代表陽性，以金剛鈴代表陰性，有陰陽相合的意思。

親見文殊菩薩

用如來的心，汲取生活中的佛法，並自我進修，學習菩薩大無畏的精神，期許將來有朝一日，以積極的行為，普渡天下眾生，實踐佛門的大慈悲法門。

文殊菩薩的一個西藏弟子修法多年，渴望能親眼目睹那色如旭日的仁慈本尊，卻一直未能如願。

這位中年喇嘛決定去五台山聖地朝聖，尋訪文殊菩薩。他決心一步一拜地走到山上，完成這次偉大的朝聖，即使死在路上也毫無怨言。

他一步一步五體投地的禮拜，一月又一月，一年復一年。他越過西藏中部的大平原以及猛獸出沒的東藏森林，眾所周知，那裡遍地盜賊。

本尊的名號總是掛在他的嘴上，對他而言，那比酒還要香醇。他的信心與精勤從來不曾稍減，他的腳步不曾有半步退縮。歷盡了千辛萬苦，他終於來到了日思夜想的五台山。雖然精疲力竭，他仍然恭敬地禮拜、祈禱，最後趴在經書上睡著了。

在一陣涼風的吹拂下，他突然驚醒過來，帶著復甦的體力，開始攀登陡峭的山路。這時，下起了大雪，雪花在他看來如同白色蓮花，他視之為本尊的加持。當黑夜降臨時，這位朝聖者卻無法在風雪中找到庇身之地。

他在夜色中不停地走著，一路上不斷地跌倒，但又堅強地爬起來。走了一段路，他猶豫地停了下來，原來他迷失了路途。在這個暴風雪的晚上，一個人

在雪地裡顛簸而行，他幾乎有些驚慌失措了，但是他立刻憶起本尊文殊菩薩清晰平靜的臉孔，以及本尊的七字真言「嗡啊惹巴匝納底」。那鼓舞人心的真言在漫長的旅途中，不間斷地從他剝裂的唇中湧出。於是，他振作精神冒著風雪向山上走去，走著走著，這位又飢又餓的朝聖者一頭栽倒在地上……

突然間，黑暗中出現了一位白衣行腳僧，他背著喇嘛來到一個山洞，那是兩個巨大的岩石之間形成的裂縫。在這裡有足夠他們取暖的柴火和庇身所。在喇嘛恢復知覺之前，這位神秘同伴消失不見了。他從強風勁雪中神奇地化現，最後又不留絲毫痕跡地消失於風雪之中。

這位文殊菩薩的弟子第一次體會到親見本尊的喜悅，因為那是文殊菩薩親自將他從冰天雪地中拯救出來。直到今天，那個山洞仍被人視為仁慈的文殊菩薩秘密的夜間休息處。

這位頭髮灰白的喇嘛再也沒有離開過聖山，許多年來人們都會看到他在供著文殊菩薩舍利的塔前禮拜祈禱。

阿拉（A-lags）

　　「阿拉」是藏文（A-lags）的音譯，該詞從字面上看，沒有實際的意義，是一種表達恭敬的語助詞；自從成為「活佛」的別稱之後，該詞就有了實際的意思。在不少藏族地區尤其是安多藏區以「阿拉」一詞來尊稱活佛，並成為活佛的專用名稱，進而完全代替了活佛的另外兩種重要稱謂，即「珠古」和「喇嘛」。因此，「阿拉」一詞已蘊含一種引導信眾從黑暗走向光明的殊勝意義。

多珠千示現死亡

愛是理性的犧牲，而不是感性的佔有。愛是無怨無悔、心甘情願的奉獻，愛是美化外在環境、淨化內在心靈的源頭，愛是慈悲的顯現，也是修菩薩行、廣披有情的甘霖法雨。

第二世多珠千在勾婁建立多珠千寺。這位年輕的轉世活佛不遵守寺院戒律，他穿著一般人的衣服，並且以英俊長相而聞名。

當他公然娶妻時，弟子們十分憤慨地逼他離開寺院，雖然這位年輕的喇嘛早就擁有了超自然的神通。

多珠千二世前往中原邊境的達謝多，在那裡成為當地土王的上師。後來一場可怕的天花流行病侵襲了當地的居民，多珠千試圖降伏傳播疾病的龍族，但是沒有成功。後來，他的菩提心和自他交換（也就是將自己置身於他人之地）的神奇力量，自己承擔了這個疾病，希望能壓服這場瘟疫。

當他瀕臨死亡之際，他以前的一些弟子到來這裡。他們要求他臨終時不要示現神跡，這樣才不至於玷污多珠千寺的名聲，這些弟子因為他不守戒律的行為曾將他趕出了寺院大門。

「如果在你死後大家都驚嘆你的精神成就，那麼曾經摒棄你的多珠千寺院聲名要往哪裡擺呢？」他們抗議說。

年輕的多珠千同意了他們自私的要求，在得到多珠千的加持後，僧侶們便

準備離去。達謝多的一些人勸他們再留一小段時間，好爲他們卓越的上師送終，並且照料所有該守的適當禮俗。

幾天後，多珠千二世終於屈服在天花病的淫威之下。他發著高燒，在臨死前痛苦地掙扎，在房間堅硬的泥土地上狂亂扭轉，瘋狂舞動的手腳抓著地面，竟然挖出了四個小孔，然後就斷氣了。

多珠千寺那些鐵石心腸的僧人暗自高興，他們心想，還好這位年輕的活佛臨終時並未示現奇蹟，否則他們愚蠢、狹窄的心胸就會暴露無遺。他們的任務完成了。

就在那一天，大成就者多欽哲突然出現，就像往昔一樣穿著獵人的裝扮。聽到多珠千的死亡消息後，這位持槍大師衝進喇嘛的房間。多欽

哲看見多珠千的屍體躺在地上，他痛罵道：「難道你一點都不懂嗎？大圓滿上師怎麼能這般死法？起來！坐起來！顯示你驕傲的傳承。」

聽到這些吼聲，每個人都跑了過來，那幾個鐵石心腸的僧人也來到了這裡。

多欽哲對死去的多珠千再次大叫。這時，多珠千的屍體在無人扶持下突然從地上一躍而起，盤著雙腿，結著蓮花雙伽坐的姿勢，浮在離地面數尺的地方，彩虹圍繞頭頂上方，花朵從空中紛紛落下，天樂響徹雲霄。每個人都非常歡喜，多欽哲更是一臉欣慰。

多珠千寺院的僧人帶著憂喜參半的消息回去了，他們都對以前的上師驚嘆不已，可惜他在短暫的一生中的奇特行為卻無法使他們理解。

法王

　　佛教稱謂，意為「佛法之王」，為釋迦牟尼稱號之一。《維摩詰經》慧遠疏曰：「佛於諸法得勝自在，故名法王。」後引申為傳法首領。元、明兩朝用以對喇嘛教（即藏傳佛教）首領的封號。

三佛化一身

慈悲是一種把感情昇華，變成眾生的「大愛」，而不是私愛；是一種平等的愛，而不是有選擇的愛，也是一種只知付出，不求回報的愛，更是一種清淨而沒有染慾的愛。

一個夜晚，宗喀巴大師的父親跟往常一樣，唸誦完了《文殊真實名經》，很安樂地躺在床上。不久，他就沉沉地睡去了。在夢中他見到一位出家人，慢慢地向他家中走來。這位法相莊嚴的出家人，穿著用叨利形樹葉編成的裙子，法衣上圍著一串漂亮的花環，身後背著沉重的佛經。他說自己來自山西五台山，想在這裡借宿一晚。說完，逕自轉身上樓，走進佛堂。

第二天醒來之後，宗喀巴的父親自忖道：「五台山是文殊師利菩薩的道場，夢中這位出家人正好來自五台山，莫非這是菩薩授記，告訴我將生下一個具足殊勝智慧的兒子？」

雖然這個夢很奇特，可是大師的父親並沒有把它放在心上，也沒有把這個夢兆告訴別人。

他仍跟過去一樣，每天很虔誠地誦經，很精進地收集各種資糧。沒過多久，大師的父親又做了一個夢。睡夢中，他忽然看到一支非常明亮的金剛杵，從空中緩緩降落下來，最後進入夫人的腹中。這支金剛杵，是金剛手菩薩從綠葉國土中拋擲出來的。夢醒之後，大師的父親又驚又喜。心想：「金剛手菩薩

具足大勢力，能降伏各種邪魔。莫非這也是菩薩的授記，說我將生下一個具足大勢力的兒子？」

那天晚上，大師的母親也做了一個夢。她夢見自己和成千上萬的女孩，圍坐在一片佈滿各色妙花的草原上。突然，東方出現一位白色童子，手裡提著淨瓶；西方出現一位紅色童女，左手拿著一面明鏡，右手拿著孔雀翎。童子指著其中的一個女孩，問童女說：「這個可以嗎？」童女搖著頭，指出一種過失回答他。童子又另外指一位女孩，問道：「那麼，這個可以嗎？」童女還是搖著頭，又指出一種過失回答他。最後童子指著大師的母親問道：「這個可以嗎？」「這個可以！」童女面露喜色。「那你快來接受沐浴吧！」童子從淨瓶裡倒出一些水，灑在她的頭上，同時口中不住地誦著讚佛偈。翌日，大師的母親醒來之後，身心感到無比的安樂，有一股說不上來的喜悅不斷地從心中流出。

這一段日子裡，村裡的人大多都做過類似的夢。在夢中，他們看到許多相貌非凡的出家人，從拉薩迎回釋迦牟尼佛像，安置在大師父親家中的佛堂。此後。在佛堂的四周，常常出現不凡的異兆，有時在佛堂上空顯現出美麗的彩虹；有時從天空中飄落下來各種顏色的妙花；有時散發出奇異的妙香；有時天樂、天鼓齊鳴；有時大地震動發出無量吼聲。

西元1357年農曆正月初十的晚上，大師的母親又做了一個吉祥的夢。她看到無數僧俗男女，有的手中拿著幢幡，有的演奏著伎樂，有的端著殊妙的供品，聚集在一個廣場上，虔誠地說：「恭迎觀世音菩薩！」她抬頭仰視天空，望見雲中有高大如山的金色佛身，光明如日光，遍照一切大地。佛身四周圍繞

著眾多天男女神，如眾星拱月一般，顯得非常莊嚴圓滿。接著，金色的佛身慢慢縮小，最後降入到她的身體裡。大師的母親醒來，把夢相一五一十地告訴大師的父親。大師的父親說：「這是一個吉祥的夢兆，妳將生下一個具足無量悲心的孩子。他將住持如來正法，利益無邊的眾生。」大師的母親自從做了這個夢之後，每天過著清淨梵行的生活，沒有煩惱，沒有貪慾，更沒有了嫉妒和慳吝之心。

在當年農曆十月二十五日那天晚上，四周萬籟俱靜，大師的母親舒適、平和地躺在床上。她在朦朧中，看見許多出家人手裡拿著各種不同的法器和供品，慢慢地走進屋裡。先前見過的白色童子，手中拎著一把水晶鑰匙，對那些出家人說：「佛堂就在這裡！」說著，用金鑰匙在大師母親的胸口上，打開一扇小小的黃色門，請出一尊金色佛像。童女倒出淨瓶裡的水用孔雀翎很小心地擦拭有些灰塵的佛像。前來供養的出家人，有的在旁邊至誠地祈禱，有的在佛像的前面頂禮膜拜，有的持誦佛號不停地繞佛。

大師的母親醒來不久，就生下了大師。這時，東方已現魚肚白，金星高掛在天空，閃閃照耀。母親將胎衣埋在土裡，那裡後來長出了一棵白色旃檀樹，枝葉繁茂，共有十萬片之多。這棵樹的葉子非常特別，每片葉子的脈紋自然形成獅子吼佛的聖像，或文殊五字明的字樣。眾人見胎衣上生出新樹，已是驚奇萬分，後來見此樹的葉子，現出聖像和陀羅尼，更是感到不可思議，於是將此樹稱為「貢本」。後人為了追念大師的功德，在樹旁建塔造寺，並以「貢本」為寺名。這座寺，就是黃教六大叢林之一，名震海內外的塔爾寺。

大師三歲那年，噶瑪巴若比多傑國師因受元順帝的迎請，從西藏動身前往

內地。途經西寧時，大師的父親帶他前來拜謁。噶瑪巴國師見大師器宇非凡，特意爲他授在家五戒，並賜給他法號叫貢噶寧布。臨走時授記說：「他是第二佛陀，以後將到藏中住持如來正法，利益無邊衆生。」此後，西藏、蒙古等地的人民，都尊崇宗喀巴大師爲「第二能仁教主」。

一次，大師的父親恭請敦珠仁欽仁波切駕臨家中接受供養。仁波切帶來大批財物，送給大師的父親，並請求將大師送給他。大師的父親知道敦珠仁欽仁波切是大成就者，必能對兒子有所饒益，便很高興地答應了。一直到十六歲，宗喀巴大師都跟隨敦珠仁欽仁波切學習顯密教法。大師賦性天聰，超群拔衆，對於一切沒有經過傳授的經典，稍稍思索一下，就可以讀誦如流，沒有任何滯礙。敦珠仁欽仁波切見狀，更加高興異常。爲了使他智慧早日開發，特別傳授文殊五字明和妙音天女法讓他修習。敦珠仁欽仁波切一心一意地教導大師，只要是對大師有幫助的，不論是顯是密，都毫不吝惜地傾囊相授。後來，宗喀巴大師每當提起敦珠仁欽仁波切所賜予的恩德時，常常淚流滿面地說：「敦珠仁欽金剛上師的恩德最爲深廣，就是父母的慈愛也不過如此。」

敦珠仁欽仁波切在大師七歲之前，就已經爲他傳授大威德金剛、歡喜金剛、勝樂金剛、金剛手等多種灌頂。並賜給他密號，名叫羅桑智華。灌頂後，大師就能如理遵守密乘的一切戒律。尤其是守護三昧耶戒，就像保護自己的眼珠一樣，絲毫不敢觸犯。

大師的年紀雖小，但他能夠如理思維，發大菩提心。在修習文殊心咒沒多久，他所住的房間石板上，有很多地方浮現「阿拉巴劄」的字樣，了了分明，宛如手寫一般。大師滿七歲那年，二臂金剛薩埵就常常在夢中示現。更不可思

議的是，大依怙阿底峽尊者，也一再現身指導。

　　十七歲時，宗喀巴大師赴西藏求學。臨行前，敦珠仁欽仁波切特別陳設一座莊嚴的壇城，為大師送行。宗喀巴以青稞供養壇城，剎那間，所有的青稞變得像珍寶一樣，大放光明。

神秘的藏傳密宗之歡喜佛

　　佛教各派均有佛像，但歡喜佛唯密宗所有，只有藏傳佛教（喇嘛教）寺廟中才有供奉。歡喜佛供奉在密宗是一種修練的調心工具和培植佛性的機緣。調心要令信所緣，對著歡喜佛觀形鑑視，漸漸習以為常，多見少怪，慾念之心自然消除。

五台山奇夢

　　佛的悲願，是要使人人及一切眾生，都能成為和自己一樣的至善、至上的佛陀，所以在佛的眼中，一切人類及眾生，同具佛性，一律平等。

　　章嘉國師在五台山靜修時，他對弟子說：「我在這次靜修中虔心向宗喀巴大師祈禱，請他護佑我下一世不轉生到惡趣中。這時，一個像安多人的比丘，在一個石臼中被搗搗，一面清清楚楚地說：『吃齋吃喪筵。』看來混吃齋飯和喪筵的人下一世會在石臼中受苦。」說著做出害怕的樣子。章嘉國師還說：「法王宗喀巴大師的傳記中說：『宗喀巴大師轉生在五台山以班智達的形象出現，上午對許多學經弟子說法，下午對許多持金剛師講說密法。』所以宗喀巴大師的戲樂化身一定住在五台山這裡。從前，有一個住在這裡的達隆噶舉的靜修師去打水時，看見一個青年僧人頭戴尖頂僧帽，口唸穆則瑪，來這裡汲水後離去。他想，不會有這樣裝束的人到這裡來呀，因此生起疑惑，立即前去追趕，但那青年僧人已不知去向。我在夢中也一再見到甘丹赤巴嘉納巴戴著黃色尖頂僧帽、身穿黃色袈裟、腳穿黃色靴子，這大約是宗喀巴大師的護持。他還說現在的宗喀巴畫像並不像他。但是我看甘丹赤巴的身形、臉相確實與宗喀巴大師相像。」土官活佛問章嘉國師，宗喀巴大師住在五台山的何處。他說：「宗喀巴大師在此並無一定的住處，但是現在大約住在叫慶寧寺的和尚廟中。」

　　由這些談話看來，章嘉國師不僅在夢中見過宗喀巴大師的化現身，而且一

定親眼見到過宗喀巴大師。章嘉國師還說：「又有一次，我在五台山靜修的空檔時小睡片刻，夢見一個著黃帽、黃靴、黃袈裟的比丘對我說：『伸出手來。』我將手伸出，他往我手裡倒了一些似乎是甘露的東西，並說：『三次喝下！』我以為是要喝三次，

每次一捧，於是一次將手中的全部喝下去。那比丘說：『我自己也倒上。』倒了一捧分三次喝下。對我身邊的格勒南喀和另一個不認識的小僧也給了甘露，他們二人也喝了。醒來一看，袈裟和座墊上確實沾了少許甘露，用手指蘸上放到口中一嘗，那甘露是紅黃色，味如蜂蜜。」《宗喀巴大師傳》中說：「從文殊菩薩的法器中經常有甘露流到宗喀巴大師的胸前，弟子中有的人能喝下許多，有的人能喝下一點，有的人根本喝不下去。」章嘉國師此夢正是與此相符的奇異怪事。

藏傳佛教的傳承方式既有師徒傳承方式，如寧瑪派、噶舉派、噶當派；也有家族傳承方式，如薩迦派，基本上採用以昆氏家族為基礎的家族傳承方式。但最具特色的還是活佛轉世制度。「政教合一」是藏傳佛教的另一大特點。歷史上，藏傳佛教的多數派別都和一定的政治勢力（包括地方派系或家族勢力）結合在一起，形成政教合一制度，教依政而行，政持教而立，彼此依存。這一制度在吐蕃赤祖德贊贊普時初見雛形，至薩迦派時正式確立，其後不斷完善，待格魯派掌西藏地方政教大權後而達鼎盛。

烏鴉嘴裡的秘密

有些迷法完全是神暗中授意誘導，是用來利益眾生，大概這也是神所期望的吧！與其你去排斥它已成的事實，你不如去接受它，這個叫做認命。

雅隆傑巴地區的雅咯貢波是活佛東措熱巴的誕生地。東措熱巴在少年時就

去敦薩梯寺親近敬安・色脫巴上師，並在他的座前接受教誨，過了一段時間，上師就爲他加持剃度了。隨後又在住竹巴・貢清桑波和拉貢兩位上師座前親近。他在喀惹拉措的楚細康巴座前求示許多苦行時，康巴對他授記說：「你到壩裕玉措去吧！在那裡你可以獲得成就。」

東措熱巴聽從了師父的指引，收拾好行囊來到了壩裕玉措。他在一個小山口前搭建了簡陋的茅篷，住在裡面依苦行而勤修，並發現廣

大神變。一次，他在茅篷中鬆軟的土裡發現了零碎木炭塊，他便開始向下挖掘，繼而發現了繪有精美雕刻的蠟軟包一個，打開一看，裡面記有在崗波的後湖——黑曼紮中有至尊崗波巴所埋藏的地圖，並授記掘出密藏的人是東措熱巴。他知曉這一切後，動身前往後湖。由於耶區積雪太厚，無路可走，他就利用木棒和繩索從達波方面的大懸岩攀援而下。隨後，又親自駕著漁夫的船渡過大河來到崗波。

東措熱巴在仁波切垛洛哇座前受比丘戒，法名為仁清乘波。

過了些時日，他決定去求得讀經的誦授。由於地圖上說掘出密藏的時間是乙卯和丙辰之間的晦日，因此他在乙卯的十二月二十九日帶著一僕人去了後湖。本來那是常人根本無法尋得的聖地，但是依照地圖卻很順利地找到了。僕人發現結冰的湖面下有一個用黃色金屬做成的黃鼠狼。東措熱巴說：「這是死鷲的胸膛，就從這裡挖開！」說著，便手持石塊拼命地砸冰。砸了一會兒，他才突然醒悟在空曠無人的險湖上這樣做是會招來痲瘋病的。因此停了下來，並離開了那裡。

東措熱巴命僕人返回崗波後，砍來一根一人高的柏枝，將白綢拴在上面，插在湖邊。他對崗波地神和山妖等做了必要的祈供後，就在冰層下面約一屈肘的地方取出了一個石匣，在裡面裝著一個金屬黃鼠狼。他用鹽將其拭淨後，拿到乾地上用火來加熱，使蓋口慢慢地熔化掉。他按耐不住激動的心情打開了蓋口，發現所有密藏物都用皮革包裹著，此外還有各種彩綢、珍寶和五穀等。他將密藏的記事記持在心中，把密藏書本放進黃鼠狼的身體內，然後穩妥地藏在岩縫中。東措熱巴攜帶著其他的物品回到崗波，他擔心有人會來強奪，沒住幾

天就匆匆地離開了。

東措熱巴本打算在嘎那東措湖精修一年，助伴卻不贊成他這樣做，對他說了許多怖畏的話來阻止他。可是他心意已定，沒有聽從他的勸告，逕自去了那裡。在那裡，他建起茅篷儲存資具做駐修一年。在深秋時節，朝拜聖地住山的修行者約有八百人來到了這裡。其中有個叫卓貢仁清哲的人對他說：「你挖出的密藏裡究竟有什麼密法，能不能傳授給我一些？」東措熱巴問道：「你是聽誰說的？」仁清哲答道：「是烏鴉對我說的。」東措熱巴認為此人有賢善的善緣，就將對他人不傳的「一味」以上的效用法傳授給他。仁清哲因此生起了殊勝證達，開始教導那八百個單衣行者。

金剛亥母

　　藏文名為多吉帕姆。她是一位女性神祇，其神格較為複雜。在藏傳佛教噶舉派中她為女性本尊之首，瑪爾巴、米拉日巴、岡波巴等諸位大成就者均依止她為本尊；在格魯派中，她是三大本尊之一的上樂金剛的明妃；但是在大多數情況中，她只是一位地位較低的護法神。頭側長有一豬首是她重要的身分標誌。

珠喜尼師

在生命的千變萬化之中，沒有未來，也沒有過去，只有「現在」，能夠把握住現在，同時也能掌握過去和未來，這就是生命。

一位謙虛的尼師叫珠喜，她非常虔信博學的住持堪布央噶和轉世喇嘛姆拉活佛。她總是很留心他們的教學，服侍他們並且不斷地禪修。

珠喜十分害羞，如果僧人取笑她，她就會哭。一天在聽法時，她忍不住放了一個屁，大家都笑了，她就紅著臉哭了起來。珠喜覺得必須向堪布央噶道歉，但堪布央噶鄭重地告訴她無須擔心。

珠喜從來不在寺院居住。每當堪布央噶教學時，她就在鄰近地方搭一個小帳篷，用隨身帶來的食物維生。開示一結束，她就靜悄悄地離開了，繼續自己的獨修。

珠喜是家中的獨生女，她的雙親十分富有。他們非常願意資助她，如果她願意，大可在家與父母過舒適的生活。雙親經常送她東西，她卻從不接受，甚至回家探親，也在外面搭帳篷，從不走進屋子。

有一次，珠喜回去探視父母，她搭好帳篷，走到河邊，脫下衣服下水洗澡。這件事被傳出後，聽到的人都大為震驚。

她母親對丈夫說：「看來珠喜是瘋了，她怎麼能做這樣的事！」

珠喜從河裡回來後，母親叱責她說：「妳回來做什麼？ 妳惹的麻煩還不小嗎？」

珠喜回答說：「我想進屋子裡做最後一次的拜訪。」

她母親說：「妳從不踏進家門，今天怎麼突然想要進來了？」

珠喜的父親勸道：「她一定有話要說，還是讓她進來吧！」

她母親說：「妳真不知羞恥，在河裡赤裸著身子洗澡，我都快被妳氣死了！」

珠喜默默地走進屋裡，逗留了一整天。臨走時，她拿起一本龍欽巴尊者寫的《七寶藏》說：「這是最珍貴的《七寶藏》，這一本書曾經被堪布央噶和姆拉活佛加持過。」

幾天後，她又回來了。那時她直覺地知道她的上師姆拉活佛已經圓寂。

事實上，她的父母早已知道這個消息，但不敢告訴她，因為珠喜非常敏感，而且舉止變得越發失常。

珠喜說：「你們知道姆拉活佛已經圓寂了，為什麼不告訴我？」

雙親回答：「我們很替妳擔心，告訴妳之後，妳會承受不了的。」

「沒有什麼好擔心的。」珠喜說道：「生和死沒什麼兩樣，上師在我的心中。」

珠喜再次解釋說《七寶藏》那冊書曾經被堪布央噶和姆拉活佛加持過，「世上沒有比這本書更珍貴的了， 有了它，你們就不需要任何的東西。你們應該將這本書放在佛堂上並向它頂禮。這本神聖的書是珍貴的聖物， 在我離去之前，你們每人都必須將它放在頭上，並且虔誠地祈禱。」

父親全然願意接受這樣的加持，但他的妻子說：「我曾親自從堪布央噶和姆拉活佛處接受灌頂和口傳，不需要把妳的舊書放在我的頭上！」

丈夫告訴她說：「不要這麼說，她是我們唯一的女兒，也是一位尼師。這是一本加持過的書，不會有什麼傷害的，就照女兒的意願來做吧！」

珠喜回到營帳，夜裡下起了大雪。

第二天一早，珠喜就離開了。

母親悲泣地說：「她現在徹底瘋了！她在暴風雪中會走失的，我們必須去找她。」

珠喜的父親循著腳印爬上房子後面的山丘，找到一件尼師的袍子和上衣。最後他在一個荒涼墓地的山丘上發現了女兒。珠喜全身赤裸，以禪定姿勢筆直坐著，手結著渡母女佛的姿態，她早已死去多時了。

父親並不傷慟，因為親生女兒已能自覺地超越生死的痛苦輪迴。女兒端坐

在那裡，顯現出古時開悟的瑜伽大師的行止。虔誠的老父發現女兒心窩附近仍是溫熱的，正如西藏瑜伽和醫書上所描述一般，很顯然，她是融於甚深禪定的淨光中，這種禪定在死亡之後，投胎之前會一直持續著。他不敢移動她的軀體，就讓珠喜保持原來坐姿。

這時，堪布央噶與他的隨從路過附近，要前往卓千寺。珠喜的父親攔下了這群行人，敘述著所發生的一切。堪布央噶前去探看，一連三天，珠喜都保持在她非凡的禪定中，她的皮膚泛著粉紅半透明的顏色，坐在雪中猶如一尊美麗、沒有裝飾的渡母。堪布央噶和他的弟子們在附近駐紮下來。

三天後，珠喜的軀體塌陷下來，所有溫熱和生命的徵兆消失了。堪布央噶吩咐僧人們準備一個通常是為喇嘛所做的那種小型茶毗舍利塔，對珠喜的遺體表示恭敬。隨後準備了火供，堪布央噶仔細並隆重地主持儀式。他宣佈珠喜是一個特別的轉世者，是一位證悟的尼師。在她的骨灰中，發現了一尊非常清晰、自然形成的白渡母相，那是她的一節脊椎骨形成的。這節有圖像的骨被視為舍利供在給芒寺。

　　印度密教關於歡喜佛的傳說——崇尚婆羅門教的國王毗那夜迦殘忍成性，殺戮佛教徒，釋迦牟尼派觀世音化為美女和毗那夜迦交媾，醉心於女色的毗那夜迦終為美女所征服而皈依佛教，成為佛壇上眾金剛的主尊。與佛教其他派別所主張的非存在不同，密教肯定現實世界是存在的。在肯定萬物的基礎上，密教認為陰陽兩性的結合是宇宙萬物產生的原因，也是宗教最後的解脫。歡喜佛正是這種理論觀念的圖解。

偉大的法女

若聞苦惱悲傷事，必要觀想：若聞苦聲，當願眾生，離苦得樂，業障消除；若見病人，當願眾生，離苦得樂，業障消除；若見意外死亡，見亡者，當願眾生，離苦得樂，業障消除。

有一對夫妻住在止貢附近的梭多地區，他們結婚好多年了都沒有生下一兒半女，心裡十分苦悶。當地的占卜者建議他們到尼泊爾加德滿都山谷梭楊布地方自生的大佛塔朝拜，去祈求佛陀賜福。

幾個月後，當他們來到尼泊爾時，這對夫妻做了一個相同的夢。他們夢見太陽和月亮對他們放射出五彩光芒。他們清晨醒來時都認爲這是佛的加持，他們會有一個奇特的小孩。他們對大佛像前的佛塔感激地供養，點燃了幾百盞燈，佈施給所有的乞丐，才走上漫長的歸路。

第二年，他們生下一個光亮無比的女嬰。女兒出生時呈現出許多瑞相，彩虹出現於屋頂上空，水轉爲乳汁，空中充滿神奇的香味。

每個人都認爲這一定是個很奇特的女孩，並猜想她是空行母之後金剛瑜伽女的轉世。據說這位轉世的空行母將在梭多地方蓮花生大師的滴卓山洞附近出生。幼童三歲時就開始持誦渡母咒並教其他的小孩，大家都非常驚訝。大家叫她卓瑪，藏文指的是渡母，意爲「救渡者」。

她還在襁褓時父母就辭世了，一直被舅父照顧。當撫養她的舅父希望給這

個十幾歲的女孩找個婆家時，遭到了卓瑪激烈地反對。

「我命中註定要到康地去和一個久惹族的尊貴瑜伽士結婚。」她堅持地說：「我們的子孫將會是弘揚佛法，利益無數眾生的修行者。」面對舅父和親戚們不斷地強求，卓瑪仍然堅定不已。

一天，這個心意堅定的女孩加入了一個前往康地的商隊。舅父很不高興，卻又無計可施。年輕的卓瑪對他說：「雖然一切有情的聚會最後終將分離，但是我們將會永遠在一起。在未來劫，我們將會在美麗蓮花的渡母佛土一起證得開悟。要常常向渡母祈禱，請她保護、加持和引導。」說完這些話，她就離開了。

當商隊抵達滇多蒼久時，卓瑪就離開了隊伍。她彷彿有預知能力，逕自來到了大瑜伽士楚定嘉措的小屋。她說：「尊敬的上師！現在我就像古時空行之後依喜措嘉服侍蓮花生大師那樣來服侍您。我們之間的結合可以使我們開悟的子孫利益眾生。」

楚定嘉措已在夢中預知她的來訪，夢中有位翠綠色的空行母告訴他，在未來的數百年中她會加持他的傳承。現在他知道那個夢兆的真正意義。

這位有名的瑜伽士沒有財物來籌辦婚禮，但他未來的新娘卓瑪已經準備好了一切。

「我降生此世間乃是為了平等地利益解脫其他的人，所有我的信徒都將達成精神上的證悟。」卓瑪宣示說。她從袍子裡，很神奇地取出一個空行母的手鼓和顱蓋杯，她搖著手鼓，同時以堅定、神秘的目光凝視著蒼穹。

幾分鐘後，那間簡樸的屋子就充滿了喜宴的衣裳、美麗的飾品和可口的飯菜。「看哪，這些正方形的羊骨頭！」卓瑪預言說：「它將預示我們會有四個聰明的兒子。」

瑜伽士的所有弟子和朋友都聚集過來，婚禮隨之開始了。

正如卓瑪所預言，這對不平凡的夫妻生了四個兒子，每一位都成為博學有成就的修行人。當他們長大後，卓瑪帶著他們來到一個神聖的山洞，那是在蓮花生大師教導十萬個空行母的地方。

在這個巨大的梭多滴卓山洞內，岩石自然形成本尊的形狀，還有四散的骨飾物，鑲有真言的寶石以及其他象徵偉大神聖的神秘舍利。卓瑪變出一具虛幻的屍體，用它轉化成一場盛大的金剛薈供所需的各種供品，之後舉行密續儀式。所有參加薈供的人都獲得神奇的力量並證得開悟。

卓瑪宣佈她在世間的佛行事業已經圓滿了，她莊嚴地發誓為守護佛法的修行者。她將一部禪修的小手稿放在一塊岩石上，然後躍上藍色的馬，和著天樂歌唱，飛騰入空行母淨土去了。

> 密宗也稱「密教」、「秘密教」、「瑜伽密教」、「金剛乘」、「真言乘」等。藏語稱密宗為「桑俄」，意為秘密真言。密宗是相對顯宗而言的。顯宗為哲理，指透過明顯的教理去修證，可向任何人傳佈；而密宗是指修習一些不允許向外人道的密法，最後獲得正果。顯宗是為大眾設置的，而密宗是為少數有「法器」的人設置的。修習密宗教義的目的，是透過廣授法師之灌頂，使有「法器」的弟子入密宗金剛乘門，達到完全擺脫生死輪迴之苦，進入涅槃寂靜的境界，達到自身解脫和眾生解脫。

第二章

神通篇

神通無敵的熱譯師

神通是苦難中的希望，是亂世的救星，是渡眾的方便。神通要從日常生活中去體會，從自然變化中去察覺。

一天晚上，三十七歲的熱羅上師做了一個神奇的夢，他夢見自己的妻子明妃蓋瑪娟姆赤裸著光潔如玉的身體，佩帶著用骷髏做的骨飾，手持鈴鼓，走到他的身邊說：「明天我就要去烏杖焉了，今晚特來和上師辭別。」熱羅有些疑惑地問：「空行佛土離我們這麼遙遠，妳怎麼去呢？」蓋瑪娟姆指著天空說：「她們會來接我的。」熱羅抬頭一看，只見空中飛翔著許多身佩骨飾的裸體少女，正緩緩地向他們飄來。來到眼前時，有四個少女，展開一匹彩綢，把明妃放在上面，在仙樂的伴奏下向西緩緩飄走了。

早晨起來，上師就對身邊的弟子說：「今天蓋瑪娟姆就要升天了！」弟子們聽後，一個個你看著我，我望著你，都不敢相信自己的耳朵。他們以為上師是在和他們開玩笑，可是玩笑開得也太過頭了，因為他們剛才明明看見蓋瑪娟姆滿面春風地為他們準備早餐，怎麼可能升天呢？

上師見弟子們不相信，就帶著他們去蓋瑪娟姆的房間看個究竟。他們剛走到門口，就聽見明妃大喊一聲，頭頂上射出一道白光升向天空而寂然逝去。接著肉體也火化成了一團彩光，沒有留下任何痕跡。弟子們目瞪口呆地看著這一切，對上師的神通折服不已。

有一年夏天，女施主德吉宗邀請熱羅上師到才堆戎地區舉行法會，當地的群眾也籌辦了極豐厚的供養以求加持。在傳法時，虔誠皈依，受禁殺生戒，發念一億遍六字真言願行的善男信女有很多，請求終身跟隨上師修行的信眾就有一百二十多人。女施主德吉宗也發誓皈依佛門。這些人在熱羅上師的教導下都獲得了成就。

當地居住著一個叫賽什頓索南塞爾的法師，他修練獅首佛母密法獲得了較高的成就，擁有驅神役鬼的神通。他的二十多個弟子也參加了這次法會，熱羅上師為他們表演了身體化為火、化為流水、化為唵、嘛、吽三個咒字等稀有的神通，他們看後都非常崇拜上師，不住地請求上師幫他們傳法灌頂。熱羅上師滿足了他們的願望，剛一灌頂就產生了神奇的效應。這些人回去對賽什頓索南

塞爾說：「你的神通雖然很高，卻無法與熱羅上師的神通相比，他神奇的表演使我們大開了眼界。我們還得到了他的灌頂，當場就獲得了神奇的效應。」賽什頓索南塞爾聽後十分氣憤，認為熱羅搶走了他的弟子，是對他尊嚴的挑釁，於是便作起咒法，進行報復。

熱羅得知此事後，立刻派一個弟子送去二兩黃金做見面禮，同時又寫了一封信。信中寫道：「德高望重賽大師，請別惱火聽我言：指引解脫為師德，利益眾生是佛法；利眾何必分你我，產生嫉妒錯中錯。上師你雖神通高，我乃怖畏金剛身。想用咒術難取勝，請收此禮來講和。勇猛童子金剛橛，那是眾佛威力身。他也敗在我手下，其他咒法怎能勝？真實金剛喝血神，那是諸佛意化身，他尚對我無奈何，還請息怒別咒我。」賽什頓索南塞爾看了這封信後更是暴跳如雷，他大吼著說道：「欺人太甚！這是對我的蔑視和侮辱，不出三日，

我一定要他死無葬身之地！」說完，將信撕得粉碎，把熱羅給他的見面禮，狠狠地扔出了門外。就連送信的人也挨了他好幾個耳光。

熱羅耐心地聽完送信人的哭訴，一臉嚴肅地說：「我對他以禮相待，送禮道歉，他不但不接受還口出狂言，侮辱我門下的弟子，一定會遭到報應的。」就在賽什頓索南塞爾拒絕和解的第五天夜裡，熱羅的住所出現了一些恐怖的徵兆。天剛黑就出現了一群惡鬼空行母，張牙舞爪，向熱羅撲來。熱羅上師靜坐觀想護輪，惡鬼空行無法逼近護輪，一連衝了幾次都失敗了，只好悻悻地離去

了。此時，危機並沒有解除，在午夜時分，又來了一群青面獠牙的世間空行母，大聲嚎叫著衝了過來，誰知剛一接近金剛護輪便紛紛逃散了。三更天時，突然雷聲大作，一道道閃電劃破了夜空，威力無比的獅首空行母親自帶領眾多智慧空行母來到了熱羅住所的上空。這時，熱羅上師立刻化為雄猛怖畏金剛，「砰」的大喝一聲，一時間山崩地裂，飛沙走石，獅首空行和眾空行神兵被震得昏厥了過去，紛紛掉在地上。

天亮後，賽什頓索南塞爾的弟子們發現他們的師父暴死在閉關的小屋中，這真是「功力不足而咒人，反而害己捨性命」。

熱羅上師在江隆傳法時，曾遇到一隻惡狼，牠十分兇殘，咬死了許多牲畜，還傷害了幾個獵人的性命，當地的人都怕得要死。熱羅用手指著那隻惡狼說：「喂！你這個惡貫滿盈的畜生，別再做壞事啦，跟我走吧，我教你修禪。」惡狼就像聽懂了他的話似的，低垂著尾巴溫順地來到了熱羅上師的身旁。上師把手放在這隻惡狼的頭上，默唸了幾句咒語並輕輕捋了幾下牠的毛。惡狼閉著眼睛，一動也不動地站在那裡，就像老僧入定一樣，過了好長一段時

間，才如夢方醒。從此以後，這隻狼寸步不離地跟隨在熱羅上師的身邊，比家犬還要馴服，再也不叼羊了。每當上師靜坐觀修時，這隻狼也蜷臥在上師的膝前，一動也不動，如同入了禪境一般。

上師還給許多藏民家養的雞做了同樣的加持，那些雞一走到熱羅上師的身邊便靜悄悄地動也不動。

熱羅上師在紮隆地區給一百多位僧俗群眾進行傳法灌頂時，向眾人顯現了一個奇妙的神通。當時上師正坐在法座上，突然發出「嘭」的一聲巨響，圍觀的僧侶和群眾急忙循聲望去，只見熱羅上師的身體像爆竹一樣四散炸開，頓時骨肉橫飛，從中間源源不斷地爆發出五彩繽紛的小佛和咒字，灑滿了天空。在圍觀的人們還沒有從驚愕中回過神來之際，那些變成碎片的身體和散發出的光

紛紛聚集在一起，又凝結成了原來的身體。一時間歡聲雷動，在場的弟子們都領悟到了如幻似夢的禪境。

當地的大首領拉爾嘎聽到上師的聖跡，便請求賜教，熱羅上師當場爲他唱了一首歌。

歌詞的大意是——

濁世之中，說好話的少，聽好話的人更少。如果你真心聽我的良言相勸，就請牢記這些話：追求享樂是墮因，世間諸事如夢幻，如想永遠享福樂，放眼長遠修善德；惡劣環境染惡習，隱居深山修善心，胡思亂想出魔障，善惡念頭都放棄；無德親屬增煩惱，結交壞人會墮落；所做多便是非多，慎重從事別輕率；話多必然惹是非，少說廢話多唸經，今世來世都安樂，一切功德從此生。

聽完這首充滿智慧的歌聲後，拉爾嘎首領如夢方醒，毅然地放棄了世俗的名利與地位，出家皈依，跟隨熱羅上師求道修行，後來也終有所成，救渡了許多人。

熱羅上師聽拉爾嘎首領說在桑桑神岩住著一位掘藏密法大師，正在整理伏藏傳記。上師很想去拜訪他，事先他用火光頂進行試探，掘藏師看到一股烈焰向他撲來，以爲是魔鬼入侵，急忙唸起驅魔咒，火光隨之消失了。數日後，熱羅上師帶領隨從弟子，帶著許多金銀寶石和幾匹駿馬，前去拜訪掘藏大師。

眾人來到桑桑神岩時，掘藏密法大師也是以禮相待熱羅上師，兩位大師一見如故，相互探討經文密義，一直持續了三天三夜。後來他們又提出相互比試神通來驗證成就，掘藏大師化現一尊頂天立地的威武大能金剛，全身各部位顯

現出九部眾神形象。熱羅上師化現出一尊莊嚴的文殊師利報身像，身上顯現出三千大千世界億萬佛國景象。眾佛國清晰可辨，就像在鏡子中一樣。掘藏師見狀，自愧不如，便認輸拜師，請求傳法。熱羅上師說：「你曾經把我的神通當作魔法，用惡咒來加以抗衡，已經犯了抵制真法的過失，是不便傳法。如果你能隱瞞和我見面的事，用心修行，來世會有緣得到我的密法的。」

掘藏大師聽了後悔不已，只好把希望寄託在來世，但他還是拿出了豐厚的供養來答謝熱羅上師。

大智法王

　　是明朝對藏東地區的藏傳佛教高僧授予的僧職稱謂。明朝永樂初年，朝廷邀請岷州地區的藏族高僧班丹紮西入朝，並讓他在內地長期留住；明宣宗時被授予「淨覺慈濟大國師」；明英宗時晉封為「西天佛子大國師」；明代宗時再晉封為「大智法王」。

轉世的證明

從呱呱墜地的嬰兒，到暮暮垂矣的老人，短短幾十年的生命在此間萌發、綻放、消逝。而後，另一個生命又經歷這幾十年同樣的過程，從降生到衰退。如此輪迴，輪迴不停。

在佛陀去世約一千年之後，有位名叫月官的大乘佛法哲學家和知識論專家，與哲學家月稱一起，使「中道」教義思想得到了前所未有的發展，並凌駕於印度各學派之上。

月官的前世是一位受過高深教育的博學大師，他受到了大慈悲者觀世音菩薩的眷顧加持，升起了無我的大悲與無緣的大慈。

月官在前世曾與一位非佛教徒學者進行了一場辯論並獲得了最後的勝利，那個失敗的對手很不服氣地提出了自己切實有力的看法。他說：「佛教班智達與卓越的邏輯辯論完全是依靠自己聰明才智取勝的，並沒有什麼特別之處，因此，只要善於辯論的人都會贏得勝利。」

「僅是贏了一場辯論，是不能決定性地證明佛教觀點的優越，只能證明誰是比較優異的辯論師罷了。」月宮若有所思地說。

那位非佛教徒接著又說道：「我不相信會有確切的證據來證明轉世教理的正確。」隨後他又對整個業力、因果的教法提出了質疑。「如果沒有前生的證據，我們如何能相信有來生？」

慈悲的佛教班智達想了片刻，鎮定地說：「如果我死去，用某種方式轉世來證明輪迴是可能的，你會怎麼辦？」

「如果真的能證明轉世確實存在，那麼我和我的學生都將會追隨佛陀的。」非佛教徒不假思索地說道。

佛教班智達說：「那就請國王來做證吧！你一定會得到你所要的證據。」

這位佛教上師對自己堅定的宗教信仰無我地奉獻，使非佛教徒既驚訝又感動。他默默地同意了，雖然他不相信這個佛教徒會真的以自己最終的死亡，給這場「戲劇」一個符合邏輯的結論。

佛教大師請求國王和他的弟子們，把他的屍體保存在密閉的銅棺內。交待完畢後，這位班智達在他自己的前額用朱丹做了個記號，並在口內含了一顆珍珠，然後靜靜地躺在那裡，瞬間就辭世了。

這位佛教大師完全了知生死的幻象，正如他所願轉生為當地一位班智達的兒子。在這個孩子出生時呈現出許多吉祥的徵兆，其中就包括嬰孩的眉間有朱紅的記號，口中含有珍珠這些祥瑞。這些奇蹟引起宮廷教師們的注意，並轉述給了國王。

國王傳喚那位非佛教徒學者和其他一些證人入宮，當著眾人的面將密封的銅棺打開。大家驚訝地發現，大師前額用朱丹畫的記號早已不見了，珍珠也從圓寂的班智達口中消失了，這些失去的東西，都在那無可爭議的轉世者身上得到了顯現。

那位非佛教徒學者完全信服了，帶領他的弟子皈依了佛法。他經常用這位

佛教班智達捨身證法的故事來啓發
他的弟子。

　　那位轉世的幼童，就是後來赫
赫有名的月官大師。他曾經和龍樹
菩薩法嗣月稱在那瀾陀進行了七年
的公開辯論，一時聞名遠近。這場
辯論是勢均力敵的，那些細心的觀
眾發現，月官每夜都親受他的保護
尊觀音菩薩的加持，才能回答月稱
機智且具有挑戰性的提問；而他的
對手月稱同樣也從他自己的本尊文
殊菩薩處得到加持，才與月官不相
上下的。

　　「忿怒相」是辨別藏傳金銅佛像價值的一個原則。「忿怒相」造像多
是猙獰恐怖、鼓目圓睜的。如本尊、佛母、空行護法等皆多面多臂造型。
按照密宗的說法，這是為了修習者的意念能夠迅速地捕捉引起人內心煩惱
的邪魔，所以常把這些邪魔描繪成具體可視的形象，供反思和修行。煩惱
便是內心最大的敵人和邪魔。

超越諸毒

希望你常對自己說，聽聞了佛法，我是最幸福的人，除了這幸福外，再也沒有別的了。

一位名叫千伯的外道教師十分妒忌釋尊日益增長名望，讓他尤其無法容忍的是，他的學生和弟子幾乎全部都加入了佛教徒的行列。他無時無刻都想復仇，終於有一天仇恨的火焰被點燃了。

千伯手下有一個叫帕貝的弟子，而他的妻子卻是佛陀喬達摩的虔誠信徒，在妻子的影響下，現在帕貝的信仰也有些動搖，似乎也快改信佛教了。

一次，帕貝的妻子想邀請佛陀和他的弟子們到家裡應供，就和丈夫帕貝商量。帕貝雖然指責妻子無知的行為太愚蠢了，可是對此也無可奈何，誰也改變不了這個心地清淨的信徒堅定的信心。

其實帕貝的心裡並不服輸，他對妻子說：「如果你堅持一意孤行做這件傻事，我可以滿足妳的意願。不過我有個條件，妳這位新的老師——釋迦牟尼佛，真如人們所說的具有遍知、智慧和慈悲的偉大力量，就應該讓我來驗證一下。」

妻子隨即答應了他。

帕貝接著說：「我想設置一些陷阱來考驗他，他如果能預知任何可能發生

在他自己和信徒們身上的不幸，正如妳所說的，他一定會安然無恙。如果他名不符實，那麼妳盲目地跟隨群眾接受新的教義和規矩就是不智之舉。」

妻子說：「佛陀是全知全能的，你不要這樣做，以免遭受報應。」帕貝根本聽不進去這些話，他開始日夜忙碌起來。

帕貝在門檻前挖了一個大坑，像捕虎的陷阱一樣，裡面填滿了灼燒得發紅的木炭，並在佛陀和弟子們日中來應供的前一刻，才巧妙地掩蓋起來。如果佛陀真的是全知全能的，他自然無事，如果這位新上師只是個冒牌貨，就會踩在偽裝好的地板上，跌進火坑裡燒死。

更狠毒的是，那個卑鄙無恥的千伯交代帕貝在應供的食物中下毒，如果佛陀能僥倖走進屋子，也會被毒藥毒死。即使佛陀真是全知全能，他也無法謝絕信徒供給他和弟子們的食物。

愚癡的帕貝聽從了老師的教唆。他是無法理解這些宗教是非的，更不可能去質疑自己的上師千伯「尊貴」的人格。

帕貝的妻子知道這個陰毒的計謀後驚駭得說不出話來，雖然她對佛陀常常被證實了的全知全能有大信心，但萬一佛的弟子，或成就稍低的比丘先行來到，豈不成了這個卑鄙毒計的犧牲品了嗎？

「這樣做一定有不可告人的邪惡目的！」帕貝的妻子對千伯的狡詐和丈夫的順從保持了清醒地認識。於是，她極力規勸自己的丈夫。雖然她反對整個陰謀，可是，身為一個女人，在那個時代、那個地方，所有的意見都是微不足道的，即使她說得正確。為了保證計畫的順利實施，帕貝將她鎖進了一間儲藏

室。

準備好了一切之後，帕貝送了帖子邀請佛陀和他穿著紅色袍子的出家弟子們來吃午餐，接受供養。

佛陀早已預知一切將會發生的事情，他欣然接受了邀請。在臨行前，佛陀吩咐所有的弟子們，到帕貝家接受午供時，任何人都不可以在他之前跨過門檻，先行進入屋內。這時，無恥的千伯正小心翼翼地躲在帕貝家裡的一個房間裡，在幕後偷偷地觀看。

當出家眾們來到帕貝家時，保持著一臉溫和笑容的佛陀走在最前面，他並未受到驚擾，不僅那片偽裝的地板沒有按計畫塌陷，連整個房間裡的地板似乎都奇蹟般地變成了一個美麗的湖泊，長滿了盛開的純淨蓮花。天鵝、水鴨和各種不知名的水鳥自由地遊戲其中。每當佛陀前行一步，一朵光輝的白蓮花立刻從他腳下生起。

目睹這一奇妙的景象，所有的人都十分驚奇，尤其是驚慌失措、做賊心虛的帕貝，當佛陀仁慈地對他微笑時，他只是渾身顫抖地站在那兒。

這位主人終於瞭解到了自己的愚蠢和自己師父的狠毒，於是他揭穿了這個卑鄙的計謀。

佛陀耐心地聽完帕貝傷心的懺悔後說：「證悟的人沒有分別，何來利益與傷害？證悟者能超越貪、嗔、癡這三毒的劇火，凡火怎能傷害得了呢？」

可憐而又愚昧的帕貝終於完全相信了佛陀的悲智圓滿和全知全能。他坦率地承認食物裡也下了毒，並當場許諾另煮新食來供養佛陀和僧眾。

佛陀做了一個偈頌說：

證悟者得自在，

超越善與惡，

故無利益與傷害；

證悟者已能轉化三毒有害的影響力，

貪、嗔和癡；

凡毒與我何所傷？

說完，佛陀和比丘們就坐下來接受那些有毒的供養，帕貝心裡充滿了恐懼和擔心，但很快就釋然了，因爲他看到這些有毒的食物在僧衆口中全都變成了甘露。目睹這一連串的奇蹟後，遭受失敗羞辱的千伯從後門逃走了，從此不見蹤跡。

那位虔誠婦人的信心被證明了，眞理最終戰勝了邪惡。最後，帕貝和他的鄰人都成爲佛陀寬容、愛好和平的追隨者。

大寶法王

　　明朝對藏傳佛教噶舉派高僧活佛授予的僧職稱謂。西元1406年，噶瑪噶舉黑帽系第五世活佛德銀協巴應明朝永樂皇帝之邀抵達南京，受到明成祖的盛情款待，並受封爲「萬行具足十方最勝圓覺妙智慧善普應佑國演教如來大寶法王西天善自在佛領天下釋教」，簡稱「大寶法王」。這一封號遂成爲噶瑪噶舉黑帽系活佛的專用尊號，沿襲至今。

龍樹菩薩的女神

人不是壞的，只是習氣罷了；每個人都有習氣，只是深淺不同罷了。只要他有向道的心，能原諒的就原諒他，不要把他看做是壞人。

龍樹菩薩是一位不朽的哲學家、作家和賢士，他出生於拿撒勒的耶穌之後。他開展和弘揚了被稱爲「中觀」的中道哲學思想，並傳播了空性至高至善的法教。

很久以前，佛陀曾將智慧經典《般若波羅蜜多經》放置在海底，並讓一條半神半獸似的龍在那裡守候。最後，這部經典被龍樹神秘的得到。他憑藉著超人的心靈能力和煉丹術，維持著北印度那瀾陀大學五百名佛教班智達的生活。有一次，龍樹大師隨手畫了一隻牛的圖像，這隻牛竟從紙上走了下來，還奇蹟般的產出大量牛奶，供應了整個社區的需求。

龍樹曾經降服了女神嫦蒂卡，嫦蒂卡表示可以帶他到天宮裡享福，可是聖明的龍樹根本不爲所動。經由中道，他已完全了悟空性的深義而得到圓滿證悟，不會被幻象娛樂所迷惑。他對嫦蒂卡說：「只要佛法駐世一日，便請她護持佛教的僧伽團體一日。」

就這樣，女神喬扮成貴婦人，住在那瀾陀的西院。神通無比的龍樹班智達，在環繞著文殊菩薩廟堂的石頭高牆上，釘了一塊巨大的劍型木釘，它可以神奇地令嫦蒂卡做智慧的服務。只要這柄神奇的劍不化成灰，女神便爲僧伽團

提供生計。

　　嫦蒂卡按照吩咐做了十二年，整個博學的僧伽團體繁榮無比。有一位司僕役職責的不清淨僧人向這個美豔動人的貴婦提出不合宜的求婚，嫦蒂卡當場就拒絕了這個非份無禮的請求。女神雖有人身，卻不受世間聲色歡娛影響，她早就享有了天神的妙樂。

　　那個僧人總是糾纏不休，不斷地用猥褻暗示來追求女神。嫦蒂卡不堪忍受他的騷擾，便決定重返天宮，她對那個無恥的僧人說：「只要文殊菩薩廟堂周圍牆上的那塊大木釘化為灰燼，我們就能夠結合在一起。」

　　這個愚昧無知的僧人，一時色膽包天，經過了一番思考後，他利用貯藏室裡的芥子油，放火燒了那塊巨大的木釘。當那個象徵著女神被釘住的釘子被燒成灰燼時，嫦蒂卡騰身而起，一瞬間就消失在茫茫的天際中，那些僧伽的維生物品也隨之不翼而飛了。

　　這位僕役的希望落空了，同時還要為不見了的庫存負責，只好每天

　　四處乞討來供應僧眾食物。龍樹菩薩清楚地知道所發生的一切，他用礦物質揉成細小的甘露丸，充作他和弟子們淨化斷食和轉化儀式之用。

　　證悟的上師龍樹由於精通精神煉丹術的秘密方法，生命得到了不可思議的延續，他和麥修撒拉活得一樣長久。以龍樹外表的中觀派大師在認識論的辯論中始終處於不敗的地位，直到現在還繼續教育和訓誨世人。

闡化王

　　明朝對西藏帕木竹巴政權首領的封爵。當時封的藏族五王之一。洪武二十一年（1388年）封紮巴堅參（1374年～1432年，《明史》做吉剌思巴監藏巴藏卜）為「灌頂國師」。永樂四年（1406年）加封為「灌頂國師闡化王」。曾受命與闡教王等共同修復元朝藏族地區驛站，對西藏和內地交通、聯繫的發展做出了積極的貢獻。其後繼者終明一朝始終襲封「闡化王」。清崇德八年（1643年），其後嗣附清，獻明朝敕印。

優婆毱多尊者降魔

同樣的瓶子，你為什麼要裝毒藥呢？同樣的心理，你為什麼要充滿著煩惱呢？

優婆毱多尊者是佛陀傳承系統裡的第四位祖師，他的父親是一個虔誠敬信印度教的香料商人。經過多年的修持，優婆毱多最終除去了「魔羅」而獲得大眾的歡呼。「魔羅」是邪惡的化身，釋尊本人在菩提樹下證悟時也曾降服過惡魔波旬，「魔羅」是被擬人化了的邪惡象徵，本身具有很強的魔力。

優婆毱多是被第三代祖師商邵和修壓服而改信佛教的。當時兩人正渡河去彼岸，就在恆河的中央開始辯論起來——這的確是一個象徵性的意外事件，引來無數的人站在岸上圍觀。優婆毱多最終還是辯輸了，按照事先說好的約定剃度出家了。在連續一週的密集禪修後，他證得了阿羅漢的果位，成了佛門中的一個聖賢，同時他還成了印度摩突羅國的最佳教師。

一次，優婆毱多在摩突羅地區為一大群人開示，卻受到了邪惡的魔王波旬的阻撓和破壞。波旬對在場所有民眾進行撒米詛咒，使許多人都驚慌地匆忙離去，還有一些人則跑去看究竟發生了什麼事。

第二天，波旬神神秘秘地在市集上免費發放衣衫，許多人都捨棄了法會而去搶衣服。接下來的幾天裡，金銀珠寶更是從天而降，人們都來搶寶物，誰都沒有心思去參加法會了，直到最後幾乎無人留下來聽優婆毱多說法。

在優婆毱多祖師開示的第六天，波旬帶著妻子和女兒們，打扮得花枝招展，組成一支三十六人的優美樂團，唱著美妙的曲子招搖過市。這時，除了少數幾位年長的出家眾外，沒有一人留下來參加法會。優婆毱多阿羅漢覺得很奇怪，便決定親自進城看個究竟。

祖師一來到街上，就立刻知道了所發生的一切。無知的群眾被惡魔的幻象所吸引，都被眼前的歡樂沖昏了頭。

優婆毱多來到這支美妙的樂團中間，對他們進行了一番恭維和讚美，還為他們每個人戴上了花環。波旬得意洋洋地看著這一切，自認為優婆毱多祖師已經向他臣服了。伴隨著一陣驚呼，波旬突然發現他和他的隨員們竟然被變成了又老又醜的乞丐。身上華麗的衣服不見了，取而代之的是一襲散發著惡臭的破衣，頸上的花環也變成了癩皮狗的屍體。人們不堪忍受這股難聞的惡臭，全都充滿厭惡地轉身離去了。魔王費盡心力，還是無法重整外表，最後徹底的認輸了。

優婆毱多祖師上前招呼邪惡的魔王說：「恐怖的黑暗化身啊！你為什麼要欺騙我的信徒？你希望他們都變得像你一樣嗎？」

一臉沮喪的魔王波旬，匍匐在優婆毱多面前，乞求上師幫助他及家人從束縛中解脫，並引導他們走向正道獲得自由。

優婆毱多有一顆慈悲為懷的心，他微笑著答應

了波旬棄惡從善，同意協助他們解脫，但有一個條件，他們必須答應永遠不再傷害佛陀的信徒，包括那些未來有幸能聽聞修習佛法的人。波旬答應了下來，他和家人鄭重發誓護持，才得以恢復原來華麗的形象。

波旬有些不甘心地說：「昔日，慈悲的佛陀在菩提樹下禪坐，我用盡渾身解數來攻擊他，他都絲毫不受侵擾。今天，我們僅僅是和這些人開了個小小的玩笑，你就殘酷地束縛了我們，你還是不是個佛教徒？」

優婆毱多祖師按耐著心中的怒氣，回答道：「我只見過佛陀的法身，卻不曾有幸親睹佛陀的肉身。如果你能用奇異的超能力量化成佛陀的肉身給我看，我就會加持你和你的隨從並解脫你們，免受地獄道中惡業的報應。」

魔王聽後喜形於色，立刻化現成釋迦牟尼佛的形象，頓時金光四射。優婆毱多阿羅漢虔誠地頂禮三次，同時吟誦三皈依文：「皈依佛，皈依法，皈依僧。」

在絕對真理和正道如此莊重尊嚴的面前，魔王波旬是無法維持他的幻化形象的，剎那間他失去了一切幻象能力。優婆毱多祖師利用佛陀的形象平服了波旬，這個邪惡的魔王再也無法阻礙佛教徒走向自由和全知的無誤正道了。

拉然巴格西

是藏傳佛教格西中級別最高的學銜，也是藏傳佛教顯宗中最高的學位。每位申請拉然巴格西學位的考僧，必須在拉薩大昭寺舉行的祈願大法會期間，透過三大寺（甘丹寺、哲蚌寺和沙拉寺）高僧提出的佛學疑難問題的答辯，並得到認可才能獲取這一宗教學銜。

法力無邊的卻吉多吉

佛法不在佛那裡，在每個人這裡。佛告訴我們，用我們自己的佛法可以解決一切。

佛只是指路人，不能代步。

在阿底峽尊者還沒有到西藏之前，紮氏部落曾出現過一位紮觀禪師卻吉多吉，他在海心山修行，證得神通和先知。

一次，他去解手，將法衣懸掛在太陽光芒上。他還降服了附近的千慧派學者普觀，使他得到教誡。有一天，紮觀禪師在閉目坐禪，不知不覺太陽已經偏西，他以此為緣起，制止了太陽的下沉，因此得到了「索捆太陽」的美稱。

當時海邊有一個藏族部落，他的頭目蓋科嘉每年都要向兇狠野蠻的拉洛部落頭目交納男女孩童各十名。一次，拉洛的頭目生了病，紮觀禪師將其治癒，為了向禪師表示感謝，他免去了那項讓藏族部落苦不堪言的義務。蓋科嘉十分高興，不住地感謝紮觀禪師，並獻上大量的佈施，尊他為喇嘛上師。後來蓋科嘉患了致命的絕症，他向禪師請求杜絕墮入惡途的灌頂。紮觀禪師前來看護，

在他臨終時，舉行了隆重的桑祭，參加葬禮的人看到海面出現了冰橋，頭目的雙足不沉於水等各種神奇的情景。紮觀禪師向頭目灌了頂並做了遷轉，以此神通，他得到了往生。

後來上師被居住在大通河岸邊的部落請去供養。一個苯教首領十分嫉妒上

師，便要求鬥法，爲了顯示佛教的神威，上師命令信徒說：「你們去挖一個象徵天、地、人的三密形地窖。」人們剛剛挖好，那個狂妄自大的苯教徒就被大通河水沖走了。後來，人們在河水流向兩邊，中間呈現出三角形的空地上，發現了那位苯教徒的屍體。密形地窰所挖的那個三角形，現在還保持著原貌，渡口被稱爲溫拉渡，修行的禪堂遺址也還存在。

大通河裡有十條兇狠的孽龍寄身其中，牠們吞食岸邊的人畜，毀壞田裡的農作物，給這裡帶來了極大的災難。人們又氣又怕，一個個仰天悲號，嘴裡不住地說：「老天！ 求求您開開眼！ 懲罰這些無惡不作、該死的畜生吧！」紮

觀禪師便修緣起，使牠們爬出水面，予以降服。

在北路，一個魔鬼進入了一具孕婦的屍體，肆意傷害赴藏的行人，紮觀禪師隨即將其消滅，據說這個魔鬼的頭蓋骨被做成了某蔓爾瓦的供器之一。

在禪師圓寂時，肉身化爲彩虹在天空中消失，顯示證得了虹光身。

這個家族有所成就的人很多。他的後裔裡有一

個叫做勒辛本瑪的苯教得道者，在一場冰雹過後，看見向東延伸的山嶺之間，出現一匹與眾不同的白馬，正一跛一拐，舉步艱難地向他走來。他走到那匹白馬的眼前，仔細察看，發現馬蹄縫中有一粒芥子，於是就把它取了出來，並唸誦了醫治瘡傷的密咒，這匹白馬立刻騰空而去。原來這匹白馬是阿尼瑪卿山神的座騎，被一位法力高強的防雹者用法物擊中，墮在了凡間。當天晚上，白馬在夢中對他說：「蒙您搭救，深表感謝，明天請到西方一座猶如晶石佛塔的白岩下面來，一定會有奇遇。」第二天，他在該處遇見了一位美女和苯教占卦用的彩線與卦書等物。於是，他就與這位美女成家了。一年後，妻子生下了一個巨大的肉泡，在裡面取出八個眉清目秀的嬰兒。生下這些嬰兒後，美女便消失不見了。這位美女就是阿尼瑪卿山神的女兒，由於八個嬰兒的母親是在石岩下得到的，遂被稱為智擦捷。從此，人們都稱瑪卿桼的姓來自神種。

那些用來占卦的彩線和卦書也十分靈驗，蒙古王曾請勒辛本瑪去占卜吉凶。據說占卜用的彩線是用鹿毛製成的。蒙古王的大臣伊古卓洛的女兒與大智擦結為夫妻，生育了三個兒子。大兒子在帽上裝飾了紅色盔纓，穿戴蒙族服裝，因而被稱為紅帽；小兒子的後裔是金剛瑜伽師，出有能降霹靂的桼底蒼巴妥拜等許多咒師，以後誕生了金剛持曲吉尼瑪。

格策

即沙彌，又名「勤策男」、「勞策」、「求寂」等，是出家並守護沙彌十戒（又說為三十六戒）的僧侶。其梵文音譯為室羅摩尼祿。

依喜措嘉解脫夥伴

如果個人沒有苦難的感受，就不容易對他人給予同情。你要學救苦救難的精神，就得先受苦受難。

一次，依喜措嘉到加德滿都山谷的布達那佛塔朝聖。她在莊嚴的神龕前供養一把金粉，然後就開始祈求引導和啓示說：「眾生的苦難無窮無盡，怎樣才能幫助他們從輪迴的苦海中得到解脫呢？請賜與我解脫他們所需的力量吧！」

這時，巨塔的金頂上發出耀眼的光芒，她敬愛的上師蓮花生大師出現在上空。祂宣稱道：「善良的法女，請到喧擾的市場去，妳在那裡將獲得命定夥伴。那是實現證悟之道的必須階段，經由覺知可以增加妳的力量。和他一起到雪域去，我會在那兒進一步教導妳密續秘要。」

依喜措嘉急忙走進加德滿都的市場，在直覺的引導下，在所有的奇珍異寶中，找尋心中的目標。

她在帕塔波的南門附近，發現一個十幾歲的少年，僅纏著腰布、英姿煥發地向她走來。這個少年手指帶蹼，胸部中央還飾有一顆閃亮的紅痣，這些都是神秘的特徵，空行母化身的依喜措嘉立刻認出了她的夥伴。

年輕人走上前問道：「法女，您從哪裡來？是來釋放我的嗎？」

依喜措嘉說：「可愛的男孩，預言中的夥伴，希望你能做我的盟友，一齊爲蓮師服務。」

少年欣喜地點了點頭。

依喜措嘉接著問道：「你叫什麼名字？故鄉在哪裡？你來到這個喧囂的市場裡做什麼？」

年輕人告訴她說：「我叫聖沙烈，從小就被人從印度的雙親那裡誘拐，輾轉來到了尼泊爾，被賣爲奴隸。我已經在帕塔波過了七年僕役生活了。」

依喜措嘉陪同聖沙烈來到他主人的房門前，在門階上留下了吟誦祈求文並唱起了開悟與神秘經驗的歌。

主人走出房門，他想知道依喜措嘉的身分和意圖。

依喜措嘉說：「尊敬的主人，蓮花生大師派我來贖回聖沙烈，希望能獲得你的許可。」

主人聽後，一口回絕了。他斬釘截鐵地說：「聖沙烈就像我的兒子一樣，誰也不能把他帶走！況且，我花費了很多金子才買到聖沙烈。如果妳願意的話，可以和聖沙烈一起留在這裡，可是就是不准將他帶走。」

依喜措嘉被邀請到屋裡，向女主人講述了她的故事，女主人深表同情地說：「妳虔誠地遵循上師的命令，從遙遠的地方辛辛苦苦地來到這裡，很令我感動。這樣好了，妳付給我們五百枚金幣， 就把他帶走吧！五百枚金幣是我們買他時所付的價錢，他現在可以值更多。」

依喜措嘉向這位善良的婦人表示了感謝。

女主人又好奇地問：「妳是位成熟、可敬的婦人，是想和他結婚呢？還是

繼續讓他當僕人呢？」

「我要讓他得到解脫！」依喜措嘉聲稱。

依喜措嘉已經將她所有的財物供養布達那神龕了，因此，她必須去尋找好運。

她再次來到市場中，聽說有個富商的兒子戰死在沙場，屍體就停放在父母家中。

依喜措嘉找到那戶人家，當她看到那兩位哀傷的父母時，內心充滿了悲憫。在她面前的織墊上停放著那位二十歲年輕戰士的屍體。他的父母請求依喜措嘉說：「您是一位吟唱的瑜伽女和密乘行者，如果您能讓我們的愛子復活，我們可以為您做任何事。」

依喜措嘉點頭默許，開始唱道：

頂禮不朽上師蓮花生，無死實相完美化現者。

生命根源乃本淨無生之佛性，產生無盡形相之萬象。

空性與力量不可分離，善與惡行必生各別之業報。

我乃無分別密乘之上師，生死於我無些微之恐懼！

故能解除一切諸苦難；願所有加持遍滿十方！

依喜措嘉用右手食指點向死者的心臟，並俯過身將自己的一點唾液吐進死者的嘴巴。然後就在死者身邊唸了一個咒，並用手撫摸他的傷口。這時，奇蹟發生了，死者挪動了一下自己的身體，便睜開了雙眼，坐了起來。

那兩位悲傷的父母立刻破涕為笑，帶領全家僕人向依喜措嘉禮拜，極度地歡喜與感恩。

「這只是佛陀的恩賜！」依喜措嘉告訴他們說：「你們向佛陀和蓮花生大師致謝吧！沒有傳承的加持力，我一個人是無法做到的。」然後，她謙虛、感激地做了一個薈供。

富商為了表示感謝，交給依喜措嘉一袋金幣。依喜措嘉用一千枚金幣把聖沙烈贖回後，如預言所料的一樣，她獲得了修行的利益。依喜措嘉帶著聖沙烈返回西藏，來到蓮花生上師那裡。在蓮師的指導下，這兩位行者在雪上腳下的山洞內修習了幾個月瑜伽和禪定，終於獲得大樂、大悟。

密宗法器之金剛杵（Vajra-pestle）

　　梵名叫「伐折羅」，藏語稱「多吉」（Dorje），原來是古印度的兵器，後來被密教吸收為法器。印度古代傳說，有位欽酪的仙人，他死後骨頭變成了金剛骨，帝釋天用它製成了金剛杵做為兵器。佛教密教則用它來代表堅固鋒利之智，可斷除煩惱、除惡魔，因此其代表佛智、空性、真如、智慧等。《大藏密要說》說，金剛材是菩提心義，能「斷壞兩邊契於中道，中有十六大菩薩位，亦表十六空為中道，兩邊各有五股，五佛五智義，亦表十波羅蜜能摧十種煩惱」。金剛杵有獨股的、三股的、五股的、九股的，通常以五股的為最常見。

為嘛呢牆開光

凡是能站在別人的角度為他人著想，這就是慈悲。

在藏區流傳著一種將「唵嘛呢叭咪吽」六字眞言刻在石頭上的習俗。藏民將刻有眞言的石頭堆置在被認爲是世上有缺陷的地方，用來促進世界的平和，同時也可以保護及加持任何過往的人或動物。這些刻字的石頭也就是所謂的嘛呢石。

巴楚仁波切經常隱姓埋名四處旅行，他穿著破爛的衣服，就像一個流浪漢。即使是這樣，人們也會認出他崇高的心性和尊貴的身分，如果發現了這位活佛，都會自然地向他求法或求加持。在滿足大眾的願望後，他就繼續趕路，將所得到的一切供養全都棄置不顧。這種超然的行爲引起了蔣揚欽哲的關注。他寫了一封信給巴楚，他在信中說：「你爲什麼要捨棄弟子和信眾們的供養呢？用那些財富來做些善事不是更好嗎？」

巴楚聽從了這位文殊怙主的規勸，便將他所積聚的一切供養全都佈施給了乞丐和貧窮的刻石匠。他讓那些刻石匠將「唵嘛呢叭咪吽」的眞言刻在岩石上，並按照一定的要求堆放在一起。

過了一段時間，一面由數千塊嘛呢石砌成的長牆終於完成了。巴楚十分高興，立刻寫了一封信給欽哲仁波切，希望尊者垂顧爲這面嘛呢牆開光。他很快就收到了回信，蔣揚欽哲在即將來臨的吉祥日會加持那面銘記功德的大牆。

「文殊怙主就將蒞臨了！」人們奔相走告。聽到這個令人振奮的消息，每個人都歡呼雀躍不已。

在預定的時間，這個盛大的宗教慶典儀式如期在那裡舉行了。信徒們聚集在一起，熱切地期盼欽哲仁波切的到來。可是大家等了好久，也不見上師的蹤影，每個人的臉上都流露出失望的表情。巴楚安慰他們說：「大家不要著急，上師的關房離此地遙遠，至少得趕十天的路程。也許他們在路上遇到了特殊的情況也說不定，還是耐心的等等吧！」「即使這位偉大的上師不能親臨也不要失望。」巴楚更進一步解釋說：「憑藉祈禱和加持的大法力，蔣揚欽哲從遠方一樣能夠為這面嘛呢牆開光。不論發生什麼事情，都不要驚慌。」

　　巴楚話音剛落，豆大的雨點便開始落了下來。雨點重重地敲擊在那面巨大的石牆上，不斷地滾過無以計數的雕刻經文上面。過了一會兒，驟雨突然停止，雲開霧散。絢爛無比的彩虹織滿天空，天花和紅花色的米粒紛紛降下，灑落在石頭上和大眾的頭頂上。雖然文殊怙主欽哲沒有出現在此地，但是在那預定的時辰，非凡的開光儀式如期舉行了。

　　巴楚仁波切帶頭鼓掌歡呼，並朝著欽哲仁波切居住的方向頂禮致敬。當儀式結束後，他又開始一語不發地繼續著他謙恭、獨行之路。

　　那些能吃到加持米或瓊漿玉脂般花朵的人，後來都轉生天道，終將得到解脫。

密宗法器之金剛鉞刀（Vajra Tomahawk）

　　金剛鉞刀是藏傳佛教常見的法器，表示神聖佛法不容侵犯，衛護佛法之心，如藏傳佛教的虎面空行母、獅面空行母、大威德金剛的造像都用手臂持鉞刀。

毯子大師與女巫鬥法

　　沒有愛的生命是空虛和孤獨的。把別人給你的愛，當作溫暖；把別人給你的恨，當作磨練。

　　東方的修行者，常常隱居在深山叢林的洞中，獨自一人做精神上的密集訓練。在這樣的情境裡，修行者會快速地開展其心靈，且不時接受來自於外在或內在的負面力量的挑戰。

　　因陀羅浦諦國王的兒子堪巴拉帕達也是這種精神的繼承人，他在巴基斯坦西北方的蘇瓦特山谷修觀，山洞仍保存有空行母超自然力的神跡遺址，包括印在石頭上的手印及腳印等。

　　一次，皇太子在宮殿的大門前睡著了，一些大臣沒有按照習俗向他頂禮，而是躡手躡腳地經過熟睡的太子身旁進入了王宮，不久之後，這些沒有禮數的大臣都從腰部以下變成了殘廢。後來，每位訪客在經過太子身旁時都恭敬地頂禮，再也不敢造次了，甚至在太子睡覺時也不例外。

　　太子在那個地方一直沉睡了十二年不曾醒來，卻能令所有進出的人對他俯身致敬。在完整的一個星象週期，他都處於甚深禪定，僅是內在光明的短暫赤熱片刻而已。隨後，皇太子返回到他森林的隱居所。

　　這時，有五百個女巫前去向他挑釁。她們陰謀要阻撓他的密法修行，當她們衝進那個簡陋的住所時，只發現一條破爛的毯子放在地上。

這些女巫都精於邪術，她們故作聰明地認為能力高強的瑜伽士太子已經把自己變成一條毯子來欺瞞她們。她們一個個以超乎想像的瘋狂，咆哮著一擁而上，把毯子瞬間撕爛成五百塊小碎片，一人分一片，狼吞虎嚥地把碎片吞在肚子裡。

忽然間天崩地裂，一陣如雷般響亮的笑聲響徹了天空，毯子大師堪巴拉帕達出現了。他向這些可惡的女巫發出了詛咒，把她們變成了五百個長著羊頭的惡魔。

驚恐萬分的女巫急忙趕到王宮去求見國王。她們紛紛指責國王的兒子缺乏一位太子應有的氣度和慈悲，並聲淚俱下地乞求國王原諒她們所做的惡行，幫助她們恢復從前的模樣。

慈悲的國王被她們的花言巧語欺騙了，寬恕了她們的罪惡，並恢復了她們原來的形象。那些忘恩負義的女巫恢復了原形後，仍不思悔改，全都潛匿起來。

因陀羅浦諦國王派人將兒子從隱居處找了回來，他驚訝地發現親愛的兒子竟全身赤裸地出現在宮廷。皇太子直言不諱地說：「陛下寵愛的五百個女巫吃掉了我唯一的衣物，我只能這樣回來！」

國王聽後大怒，吩咐侍從立刻把女巫們找來。那群女巫很快地來到怒氣沖沖的因陀羅浦諦國王面前，等待著懲罰。赤裸的堪巴拉帕達輪流指著她們，再次將她們變成長著羊頭的怪物。然後命令這些怪獸吐出他的舊毯子的碎片。

當宮廷縫紉師把所有碎片縫起來時，卻發現少了三片沒找到。

「有三個女巫不見了！」憤怒的皇太子大吼道。

「立刻把她們給我帶來！」國王揮舞著他戴滿戒指的手命令手下。

那三個女巫是因陀羅浦諦的女眷，她們也沒有逃過懲罰。被帶上宮殿後，她們立刻被變成了怪物並吐出了她們的劫掠物。瑜伽士的毯子終於得以復原了，而那些邪惡女巫的陰謀也被粉碎了。堪巴拉帕達用毯子遮住了赤裸的身子，回到森林裡繼續修行。

哈達

　　以薄絹製成，長方形，有白、紅、黃、藍諸色，大者長丈餘，小者三尺。尤以獻哈達表以敬意，其長短及顏色則視尊者之地位而定。

關公顯靈護國師

　　每一個眾生最寶貴的是自己的生命，殺了他，他最惱恨，冤仇結得最深，所以說殺業最重，每一個眾生最珍貴的還是自己的生命，救了他，他最感激，福善積得最深，所以說放生第一。

　　章嘉活佛從西藏返回北京時，中途經過四川的襄陵。他夜裡夢見一位紅臉大漢對他說：「我的家就在山頂上，請到那裡休息片刻！」說完，一步跨上山巔，章嘉活佛也跟著他來到那裡。只見那裡的房屋富麗堂皇，僕役成群結隊地往來。紅臉大漢將章嘉活佛請到中間的大殿，獻上各種精美的食品，還把妻子、女兒引來相見。紅臉大漢說：「整個漢地都歸我管轄，西藏也有許多人給我供養，特別是那些老年的高僧一再供給我飲食。從今天起，我做您的保護神，如果您在途中遇到不幸，我可以幫助您排除。」

　　第二天途中，有個猴子從樹林裡拋出一塊石頭，打在侍者楚臣達傑頭上，他受了點輕傷，並不礙事。那個紅臉大漢就是關雲長，藏民親切地稱他為「珍讓嘉布」。章嘉活佛親口對土官活佛說：「後來我去西藏，在那山腳下獻酒祭禮。不知從哪裡來了一隻老虎，把我們一直送到山後，當時所有的隨從都嚇呆了。」

　　有一次，章嘉國師在京城罹患了一種痛風病，手足麻木不能動彈，還罹患了眼疾。弟子們請遍了所有的名醫都無法醫治。他們又去做祈求健康的法事，仍無濟於事。

　　乾隆皇帝也十分擔心國師的健康，派了許多御醫前來醫治。皇帝也親自前來看望，以無量恩德護持。當時，巴桑曲傑舉行天女圓光占卜，幻象中發現章嘉國師身邊聚攏了許多巨大的蜘蛛，一隻隻躍躍欲試，想與章嘉國師抗衡較量。這時，一個威風凜凜的紅臉大漢手持青龍偃月刀，將那些蜘蛛全部驅散。那天晚上，章嘉國師夢見一個紅臉大漢對他說：「那些傷害您身體的小鬼已經被我驅逐了，大師安心修養吧！」國師問：「請問恩人現在居住何處？」大漢答道：「我住在宮門外的西邊。」次日，國師打發侍從前去查看，在前門外發現一座關帝廟，裡面供著關老爺的塑像，歷經各代，香火不斷。章嘉國師認為是這位關帝在保佑自己，於是舉行了大祭。後來在達紮濟仲活佛的指點下，章嘉國師還撰寫了一篇情詞懇切的祭文。

鼓

　　有大鼓、腰鼓、羯鼓、銅鼓等，更有骷髏鼓，俗稱為嘎巴拉鼓，藏語稱為「紮瑪如」，是用兩塊人頂骨弧面黏接而成，然後兩面蒙上猴皮，左右有骨墜，下有一個小柄及絲條帶子。有大小兩種，直徑分別為二十公分和十公分左右。按照密教經典規定。修雙身法用的手鼓的骨要用童男童女的頭骨製成，童男要十六歲的，童女要十二歲的，然後蒙上猴皮，並在上面畫「雅布尤姆佛」（雅布為父意，尤姆為母意，即父母佛，通常稱雙身佛）。這種手鼓在法會演奏時和金剛鈴並用。

金剛橋

　　修行法門在於戒（道德的生活）、定（意念的制衡）、慧（心靈的淨化），落實到自己的日常生活中，以覺知與平等的心去面對一切，使自己能夠真正做自己的主人，不做習性的奴隸。

　　滇是一位女修行者和一位來自勝穹的王子所生下的兒子。

　　在他十六歲那年，遇見了非凡的印度成就者帕當巴桑傑。他心甘情願地充當帕當巴的侍者，跟隨帕當巴四處旅行。十四個月後，帕當巴送給他一條毯子，讓他跟隨商隊回家。在臨分手時，那位皮膚黝黑的印度上師擁抱著這位年輕人說：「物本性空無所有，故能幻現種種形。若人能自所有化現中，了知單一主要之本性，就能瞭解一切不二。」

　　當師父用額頭接觸滇的額頭時，剎那間，滇突然對真實本性有了清晰、深刻的見解。帕當巴桑傑預言滇一定會實證「金剛橋」，並且證得虹光身。

　　滇在幼年的時候就已經瞭解，在這稍縱即逝的人間，除了正法，沒有什麼是有意義的。帕當巴將其他更高深的教法傳授給他做臨別的禮物，還預言滇將在某處遇見他的根本上師，並且開始修行殊勝的「金剛橋」。隨後，這對情深意重的師徒揮淚道別。

　　經過多年的祈禱和禪修，滇終於遇見了大圓滿上師巴龔，這位很有名望的上師對他十分欣賞，隨即收他為弟子。滇在當地的村落裡化緣，希望在請求無

價法教之前先向這位新的上師呈獻供養。當滇興高采烈地背著一大袋炒青稞粉回來時，巴龔卻拒絕接受他的供養。他堅持要這位新來的弟子留著自己用，因為在未來數月裡，這位弟子將要進行密集、精進地禪修。

巴龔透露了一項他以前從未說過的秘密，那就是巴龔本人是毗盧遮那的「金剛橋」口傳的唯一持有者。修習「金剛橋」可以即身成佛，證得不死的虹光身，在神識離開世間時，肉身不會留下絲毫痕跡。

滇已經尋覓到了自己命中註定的上師，以及能讓他證得佛果的教法。他現在必須做的就是把這些珍貴的教法付諸修行的行動之中。

滇十分忠誠地服侍師父巴龔，用他的眞誠和善良來愉悅上師。滇再三向上師請求能獲得虹光身的「金剛橋」大圓滿教法，最終得到了巴龔喇嘛的同意，同時他還得到了許多相關的法義和口傳。滇依法修行這些法教，成就了其眞正涵義並獲得圓滿開悟。

滇開悟之後，便告別了師父，獨自一人在昌地境內赤身裸體地流浪了五年。他如同古印度成就者所忍受的那樣，修習了各種苦行。他絲毫不會受冷熱的影響，可以在冰水中沐浴，在火堆裡行走，還可以從懸崖上飄然而落。他僅僅靠著礦物小丸子和水維生，有時停止心跳與呼吸數天也安然無恙。從此，「巴渥滇聰」的大名傳遍了整個西藏。

當巴龔喇嘛以九十八歲的高齡在一片彩虹光明中圓寂後，滇瑜伽士便擔負起弘揚巴龔教法的重任。

一次，滇在指導幾位瑜伽士有關神秘熱能時，他們內具的灼熱立即放光，

使在場的每一個人都被照亮了。滇的弟子或得正觀，或親見本尊，或體驗到大樂，或得頓悟。在滇第一次開示神秘的「金剛橋」時，一位康地來的人和一位尼師領悟了教法的奧義，證得了虹光身，他們在一片光芒中消失，沒有留下任何痕跡。

滇認為這是十分吉祥的徵兆，就鼓勵弟子們說：「只要精進修持此法五、六年，不論你們以前的業力習性如何，都可以證得相同的成就！」他十分謹慎地把自己所接受過的實修、實證以及其他金剛乘的教法與教義傳授給弟子。

滇具有許多令人難以想像的神通，然而他卻很少顯露。他周圍的人都明顯地感覺滇對傳染病有超強的免疫能力，他從來不生病。滇有他心通，能夠正確地預知並且做出精準的預言；有神足通，能夠日行千里。滇還馴服了該地的神仙與魔怪，並命令他們助他廣弘佛法。這位英雄瑜伽士深得民心，不論他走到哪裡，都會受到人民的尊敬。

滇曾經走在冰凍的湖面上，冰層由於難以負荷他的重量破裂了，他一下子掉進冰冷刺骨的水裡。這時，在他的四周湧起了嘶嘶作響的霧氣，遮住了大半個天空，更令人震驚的是，這個神奇的瑜伽士身體散發出了紅色的光，就像一塊燒得發紅的烙鐵。

還有一次，滇認出了所有的有為法如夢似幻的本質，便抱著一大捆薪柴，從懸崖上跳了下去。英雄的瑜伽士像鳥一樣飄了下去，他的明妃在懸崖上面叫道：「神奇的上師啊！您到底是不是人啊？您的行為使我想起了我無緣相見的帕當巴桑傑！」

滇也想起了他的第一位上師，便縱聲大笑。他說：「我是幸運的，曾遇見過帕當巴！妳也是幸運的，因為妳遇見了滇！」

在滇一百零二歲時，生了一場病，無數的弟子都擔心他有生命危險。滇用一個吉祥的夢消除了他們的焦慮。「空行母們命令我四年之後再離去。」滇安詳地解釋說。

弟子們要求他用瑜伽的方法盡其所能地延長壽命，因為他們不能沒有師父。在弟子們熱切的懇求下，滇同意用修練轉化的方法將自己的生命再延長十年。「我寧願安住在不生不滅的無死境界，也不願執著於肉體存活！」他說：「身為我的弟子，我希望你們也能如此。」

滇最後以一百一十七歲高齡圓寂。

噶烏

漢語即為護身符，通常是用銀或銅製成的小盒，十分小巧，外表雕飾非常精美，還有鑲嵌寶石、松石、珍珠，裡面也有泥塑或金屬製的小佛，隨身攜帶懷中用以祈佛保佑。

放生

　　放生，正是佛陀親口告誡我們常養慈悲、滅罪消愆的最好方法。但願所有世人，力行放生；更願所有念佛人，常行放生，因為放生功德，最為第一，捨此不行，是謂癲狂！

　　大譯師娘智童是蓮花生大師的弟子，他擁有奇異的能力。他曾經被那些不瞭解他的人誹謗為巫師和騙子，然而他的生活方式與心法卻明明白白地顯示了他是一位真正的大乘成就者。

　　有一位叫秦喀洛的批評者尤其愛刁難智童。他摧毀智童的茅屋，手持鐵錘追打攻擊大師本人。

　　有一次，無垢友與智童一起在羅乍喀的山洞修普巴金剛，供在壇城曼達盤上的二十一支神奇普巴杵不斷地互相敲擊並綻放出耀眼的火花。

　　這時，智童正在全神貫注地修觀。突然間，他拿起一支普巴杵指向天空，口中大聲叫道：「這是一對從秦地來的烏鴉！」當時，天空中飛翔著一對烏鴉，牠們湊巧來自秦地，正飛向山洞的裂口。智童朝著牠們飛行的方向忿怒地揮舞著神奇的普巴杵，其中一隻烏鴉跌落在他腳旁死掉了。

　　大圓滿上師無垢友說：「雖然你能用巫術來殺生，但是你能起死回生嗎？如果可以，小英雄，現在就施展出來吧！如果不行，就停止你殘忍的殺戮吧！」智童無法讓死掉的烏鴉活過來。無垢友班智達將一些細沙灑在那隻可憐

的小生靈身上，對著鳥屍溫和地唸著的咒語和祈禱文。鳥兒復甦過來，重新振動羽毛，呀呀叫著飛走了。

無垢友嚴肅地對智童說：「除非你已經了悟不生不滅的眞實本性，否則不要違犯戒律；除非你已全無相對的分別心，否則要特別注意自己的行爲。舉止像一位大成就者，卻從事忿怒行爲，不能了悟如何自救救人，這違反了佛陀慈悲爲懷的教法。當你知道如何將死者直接超渡到佛的淨土，那時你才有任運而爲的自由。」

智童將上師的話牢記在心，後來他變得令人難以想像的慈悲。無論走到什麼地方，他那讓人敬佩的人格、智慧、善巧方便以及慈悲吸引了無數信眾。他的證悟最後甚至勝過他著名的神通，他眞正成爲一位偉大的上師。智童有八位著名的弟子，都是普巴金剛修法的大師。最後，智童證得圓滿開悟的虹光身。

噶舉派是藏傳佛教支派最多的教派。「噶舉」（bkav-rgyud），藏語意為「口授傳承」，謂其傳承金剛持佛親口所授密咒教義。因僧人上身著白衣裙，俗稱「白教」，該派支系眾多，第十七世大寶法王為該派支派噶瑪噶舉中黑帽系的首領，第五世大寶法王由明朝永樂皇帝冊封，現已傳十七世。噶瑪噶舉在藏傳佛教中最早採取活佛轉世制度，主要寺院有止貢寺、四川德格的八邦寺等。

頑劣的學生

　　以慈愛來感化怨恨；以良善來感化邪惡；以施捨來感化吝嗇；以真實來感化謊言。

　　涅滇秋林是十九世紀寶藏大師秋吉林巴的轉世。幼年時就被帶到他顯赫的前世的寺廟坐床，在那裡他展現了自己不可思議的神通和桀驁不馴的脾氣。他從來都不聽從老師們的話，以為這些老師曾是他前一世的弟子；他也不肯遵守寺院的規矩，曾經當著長者的面前，利用太陽光線來吊曬衣服。

　　老師們試著教涅滇秋林讀書，可是他既不聽講也不寫字。每天他只顧著玩耍，面對老師善意的鞭打，他毫不畏懼。當嚴格的老師把這位頑皮的學生關在房間裡做為懲罰時，很快地他又出現在外面嬉戲的孩童當中，這令忠心耿耿的老師大為驚訝和失望。

　　「到底如何來管教這位成就者呢？」老師們傷透了腦筋。

　　有一天，年幼的涅滇秋林爬到屋頂上去玩耍，老師站在地上責罵他，還威脅要打他的屁股。突然，秋林從三層樓高的屋頂跳了下來，安然無恙地著地。還沒等驚慌失措的老師衝過來時，男孩又跳上了屋頂。這是多麼令人驚奇的事！

　　涅滇秋林不會讀書，他年邁的老師不斷地處罰他。一天，旺秋多傑上師對那位白髮蒼蒼的老師說：「你不應該打涅滇秋林活佛。我們家族中不可能有人

不會讀書，這一定是他的業，誰能瞭解如此多的事呢？」

旺秋多傑的話被證明是正確的。當涅滇秋林長大後，雖然不曾學過，但也知道如何去讀書。事實上，他還可以同時讀一頁經書的兩面呢！

成人後，涅滇秋林長時間地做個人閉關禪修。他既喝酒又吸鼻煙，震驚了他的弟子，使他們懷疑起以前的見解。由於圓滿任運的覺性，他的行為就像中世紀印度的大成就者。他擁有多位明妃，卻不曾讓她們生育，而且每一位與他親密接觸過的人都能獲得解脫。

當衛教人士向他求法與賜福時，他會立刻召喚所有的女人，前來飲酒、聽音樂。他能透過甚深的覺觀，感知訪客們的心意。他會毫不留情地指出他們的缺點，談他們感到最敏感的話題。當大喇嘛和權貴之士造訪時，涅滇秋林就命令年輕的男侍者赤裸著身體奉茶，大聲地打嗝、放屁並且互相比賽扮鬼臉。

涅滇秋林成就了大圓滿無上瑜伽的所有修法，在陽光下幾乎看不到他的影子。

有一天，欽哲秋基羅卓對涅滇秋林說：「人們都說您書讀得很快，請您能示範一下。」欽哲拿了一本《時輪金剛密續》，遞給了涅滇秋林。

涅滇秋林說：「我不會讀。」

欽哲仁波切說：「試著讀一下，您可以的。」涅滇秋林吃力地拼讀那厚厚的一部書，宛如小孩在學讀一般，一字一字地拼讀。

欽哲鼓勵他說：「趕快，好好唸吧！」

涅滇秋林仁波切答道：「如果你不讓我安安靜靜地在這兒坐，我只好讀了，但是我要先吸點鼻煙。」

他打開鼻煙盒，取出一撮煙絲，然後在那塊包裹珍貴經書的漂亮的白絲綢上擦拭手指——這真是匪夷所思的冒瀆行為。接著，他開始以前所未聞的速度讀誦《時輪金剛密續》。

宗薩欽哲大為驚愕。

涅滇秋林仁波切說：「我可以同時看見一頁經書的兩面，但是我的舌頭卻只能讀誦一面。」

一次，他在一個盛會上表演一項密續舞，閃電擊中了他的頭。他腳底下的幾塊大石板都被擊碎了，變得焦黑，涅滇秋林卻安然無恙，依舊快樂地跳舞。

還有一次，他被暴漲的河水沖走。他向護法祈求，用手撐住河底，一條巨龍馱著他的小船逆流而上，安全地回到岸邊。他踏上岸的那塊岩石上仍留有涅滇秋林深深的鞋印。

珠古

是藏文（sprul-sku）的音譯，意為「化身」，這是根據大乘佛教法身、報身、化身三身之說而命名的。藏傳佛教認為，法身不顯，報身時隱時顯，而化身則隨機顯現。所以，一個有成就的正覺者，在他活著的時候，在各地「利濟眾生」；當他圓寂後，可以有若干個「化身」。換句話說，在這種佛教理論的指導下，藏傳佛教對於十地菩薩為普渡眾生而變現之色身，最終在人間找到了依託之物，即「轉生或轉世之活佛」。故「珠古」（即化身）是多種稱謂中最能表達「活佛」所蘊含的深奧義理和精神境界的唯一準確、全面的稱謂，因而是「活佛」的正統稱謂。

形象萬千的上師

佛陀所講的「空」，就是教我們要以「空的思想」做基礎、做準繩，好讓我們在「有」的世界（物質世界）裡，空掉心中被外境所迷的各種心態，如自私心、懷疑心、嫉妒心等等不良的心理，才有可能讓自己生活在無染及純淨的清醒狀態。否則起心動念，都會為自己帶來痛苦。

利拉金剛悉達，降生在一個名叫「輪迴」的國家裡，他是被著名的烏地雅那空行母淨土所授記，成為在經藏與密續兩方面的專家。利拉金剛住在印度的一個小島上用非二元之密續法修行，四周是有毒的湖水，島上沒有居民。在那裡，他成為著名大師佛陀瞿耶的上師。

有個異端的瑜伽士四處尋找佛教學者的器官，做為異教修練魔法的聖供。當他企圖殺害利拉金剛時，這位有先見的大圓滿上師立刻知道巫師邪惡的意圖，於是故意去混淆那位要謀殺他的人。利拉金剛以迅雷不及掩耳的速度，快速地將自己變化成令人驚訝的大象、馬、犛牛、孔雀和蛇等各

種形象，他縱情於無拘無束，完全掌握外象的自在，徹底地混亂了他的敵手。面對著如此千變萬化的幻象，又無法找到那位名叫利拉金剛佛教學者的住處，更得不到他荒謬欲得的東西，那個不知所措的邪惡瑜伽士只好離開了島上。

利拉金剛唱了一首喜悅妙曲來慶祝，充滿外在與內在的意義：

似乎沒有人知道，

今天是誰在使用自己的感官。

幻化形象無數無量，

然而自性正如水銀處於塵中，

獨一而顯著。

從那時候起，利拉金剛大師也以「毗哇如巴」或「任何形象」而著稱。他創作的歌曲很多，而且他的教法深奧有力，因為他正如所有真正的上師一樣，具備因材施教的能力。

雍和宮

雍和宮是一座皇宮式的喇嘛廟，坐落於安定門內，佔地約六千平方公尺，原是清朝雍正皇帝當太子時的府邸，乾隆九年（1744年）改為喇嘛廟，成為喇嘛教的上院，是中國最大的藏傳佛教寺廟。宗殿是雍和宮的居巴紮倉，位於正殿東南側，是專門學習密宗經典的學校。學生學完十五年通過考試可獲得「阿林巴」的名號。在密宗殿中有百餘座佛像，與顯宗和內地佛像不同的是有各種歡喜佛。

長壽灌頂

一旦把「愛」視為生命活動中不可或缺的部分，它就會長期助你耕耘。而那些與歲月同步增長之「愛的智慧」，就是你持之以恆的收穫。

東久利津是個偉大的瑜伽隱士，他花了數十年的時間閉關修定，獲得了無數大師的親自教導。晚年在學校退休後，就去朝聖，在不為人知、不受打擾的地方繼續他的禪修。年輕的時候，他是一位隱居山中的孤獨修行者。結婚後，他突然變成了一位神聖的狂人，一位瘋狂瑜伽士，人們稱他為「老精靈」。

他曾經做過德格國王的老師。國王老邁之年，到任何地方都得乘坐轎子。有一天，德楚河水氾濫，轎夫們無法渡過。這時，久利津在河畔抓起一把沙子，並持咒吹著手中的沙，然後將沙子灑向滾滾的河水，頃刻間出現了一條通天大道，在河水還沒有合攏前，國王安全地到達彼岸。

吉美林巴曾經對吉美歐澤說：「你將證得開悟，但卻無法長壽。」

一開始聽到時，吉美歐澤說：「無論如何，我尋求的僅僅是開悟，而非長壽。」

到了第三次聽到這樣的話時，這位弟子覺得有必要進一步詢問。「請您給我一些忠告，讓我消除這個障礙，得到長壽。」他恭敬地向上師請求。

吉美林巴說：「我愛莫能助。但康地有個叫久利津的瑜伽士，可以幫助你。」於是，吉美歐澤便踏上了尋找久利津的征程。

一天，他來到離卓千不遠一個叫沙丘噶的地方，發現一處約有十個帳篷的小遊牧部落。

吉美歐澤向營區裡的人打聽大成就者久利津的行蹤，所有的人都說：「我們只是單純的牧人，並不認識這個人。在插著旗子的那個帳篷裡，住著一位叫久爺爺的老人，或許他會知道。」

吉美歐澤走近帳篷，他在門口遇見一位婦人，就向她詢問是否有個叫久利津的人住在裡面。

婦人告訴他說：「只有年老的久爺爺住在這裡。」

這位四處尋訪的人十分失望。這時，他回憶起上師吉美林巴曾經特別強調的話：「你去尋訪並懇求久利津，他是唯一能幫助你的人！」

因此，他鼓起勇氣進入昏暗的帳篷裡。一位頭髮灰白的老者坐在地上一個矮木箱裡，身上裹著破舊的羊皮，一頭邋遢不整的灰白長捲髮和滿嘴糾纏不清的鬍鬚，讓人看起來覺得像個野人。

吉美歐澤立刻知道這就是他千里尋訪的大瑜伽士久利津。他恭敬地趴在地面上做了三次五體投地的大禮拜。

老人開口問道：「你從哪裡來？」

吉美歐澤說：「我是從西藏中部來的。」

老人又問：「你來這裡做什麼？」

吉美歐澤連忙解釋說：「全知的吉美林巴讓我來見您，希望您幫助我消除

迫在眉睫的短命之災。」

「呸！」久爺爺嘲笑著說：「你說吉美林巴是全知者，他連一個小小的障礙都無法消除，他只會吹牛，根本配不上他誇張的盛名。」

吉美歐澤聽到自己敬愛的上師被人詆毀，心裡大為沮喪。他一直視吉美林巴為一位活佛，是不可能犯任何錯誤的。

暴躁的老人發現了吉美歐澤明顯的不安。「好了！好了！」他對吉美歐澤說：「把尿壺遞給我，它就在那邊。」說著，他指了指帳篷昏暗的角落。

吉美歐澤將那個破損生銹的銅壺拿來，恭敬地擺在久爺爺面前。

久爺爺一語不發。他專注於內心，彷彿入定了一般。沉默了一會兒，他抬頭問道：「吉美林巴說什麼？」

「他讓我來見您，請您消除我壽命的障礙。」吉美歐澤又重複了一遍他的請求。

老人再次嘲笑道：「他連你壽命的障礙都無法消除，還算什麼全知者？如此冠冕堂皇的頭銜簡直是對信徒的侮辱！」

久爺爺拾起尿壺，把它翻轉過來用手搖了搖，尿壺似乎是空的。

他將尿壺置於面前修法的矮桌上。

他又問道：「吉美林巴說了些什麼？」

「他讓我到您這兒來，請您消除我壽命上的障礙，或許他的意思是請您為

我做一次長壽灌頂吧！」

老人打斷了他的話：「胡說！他知道如何做長壽灌頂，你還需要我做什麼？如果他不能消除這微不足道的障礙，他算哪門子的全知者？」

老人再次沉默了，接著他又搖動了一下那個銅尿壺。這次，令人驚訝地感覺到，裡面好像有什麼在來回響動。

久爺爺大聲呼喊道：「喂，傻小子！過來！」他探過身來，將尿壺像灌頂的寶瓶那樣放在吉美歐澤的頂穴上。然後從那生銹的銅壺嘴倒出一些濃稠的、像甘露一樣琥珀色的水給吉美歐澤。

這時，吉美歐澤早已置身於奇妙的境界，他不加思索地喝了那些水。他以前從未曾嚐過這樣的東西。

老人從那令人生厭的銅壺裡又倒出一些琥珀色的甘露，注入吉美歐澤的木杯中，命令他喝下去。他再次依照命令做了。

他喝了一杯又一杯，直到那個舊銅壺完全空了。吉美歐澤看了看那銅銹斑斑、骯髒不堪的尿壺，不由得想嘔吐。

「我很想吐！」吉美歐澤說。

久爺爺說：「當然可以了，我又沒有堵住你的嘴巴！」吉美歐澤忍不住吐了一地。

屋裡的主婦要他清除乾淨，他也照做了。「這才是個好客人！」她滿意地說道。

那位乾瘦的瑜伽士這時從一個舊皮袋裡拿了幾撮發霉的乾青稞粉，在手上吐了些唾液，隨意地揉了幾顆紅丸子。

他說：「臭小子！把它吞下去。」

接著，老人告訴他說：「現在你可以活到兩百歲了！」

當吉美歐澤準備離開時，久利津撿起一根枴杖，用力地敲了三下吉美歐澤的頭。

「好啦，就這樣吧！」那個年老的瘋瑜伽士叫道：「離開這裡吧！滾吧！」

吉美歐澤離開後，就去見他的上師吉美林巴。

吉美林巴問道：「那個老人告訴你什麼了？」

吉美歐澤不敢將久利津對吉美林巴批評的話告訴他，所以他一直保持沉默。

吉美林巴問：「你得到長壽灌頂了嗎？」

「得到了!」

「那位開悟的瘋子沒有說其他的事嗎?」

在上師的堅持下,吉美歐澤詳細地說明一切,包括久利津如何侮辱吉美林巴的話。

吉美林巴耐心聽完整個故事後,笑著說:「太好啦!你的生命障礙終於清除了!那位老瑜伽士真是蓮花生大師的化現!他早已超越一切善與惡、淨與不淨的束縛,對他來說金子和糞尿沒什麼區別。」

吉美林巴繼續說:「至於他說我的話,來自於他的侮辱遠比他人的讚美和加持要好得多!」

覺臥佛

　　覺臥,藏語意為「尊者」或「至尊」。全稱覺臥仁寶切,最出名的是供奉在拉薩大昭寺內的釋迦牟尼佛像,相傳是唐朝由文成公主從西安請去的。因藏族群眾十分敬信這一佛像,所以也已變為前藏拉薩一帶流行的一種賭咒的口頭禪,意為向釋迦尊者作證。

文殊師利友與國王

　　如果你對任何事物都懂得尊重及感恩，甚至包括一杯水、一碗飯，你的生命將充滿尊重的能量，屆時，你一定會受到尊重，因為所有你所尊重的東西，將會回報你同樣的尊重。

　　文殊師利友是第一位大圓滿成就者噶惹多傑的法嗣，他是一位正統的佛教班智達。

　　一次，文殊師利友步行過一座石拱橋。在橋中央，他遇見了一位國王，那位昏聵的國王因強力護持多位外道上師而聞名遠近，此時，他正躊躇滿志地坐在一頭裝飾華麗的戰象上。

　　文殊師利友和弟子們與那個顯赫自負的國王及其武裝的隨從互不相讓，雙方僵持在那裡。國王在他高高的坐騎上舉起了鑲嵌珠寶的帝王戰旗，那些武裝隨從也劍拔弩張準備作戰。國王用恐嚇的姿勢命令這群步行的人讓路，但是這位大圓滿上師根本不為所動。

　　文殊師利友舉起右手食指，結著「除障印」，一聲霹靂聲響，瞬間將國王和他的坐騎劈為兩半。上師無邊的法力將皇室的隨從嚇呆了。為首的兩位鬢髮斑白的老臣急忙上前乞求文殊師利友寬恕他們的冒犯，並懇請他救活國王和大象。他們還不住地

道歉地說：「仁慈的佛教上師，您當然有權先行過橋，因為佛陀在精神上是全知全能的。」

文殊師利友微微一笑，施起法術將斷裂的國王和大象恢復了完整的身軀，並賜予了生命。接著，大師對眾人說：「我所敬者非世間之王，也不躲避迎面而來的象群。吟唱著深奧密咒之王，我能飛步跨越高山峻嶺而無礙，並能扶搖直上虛空之中。」

復活的國王走下坐騎，恭敬地向這位大成就者頂禮，並請求文殊師利友引領他和所有隨從進入佛門。

文殊師利友告訴國王及其他的人：「業因果律是正確無誤的。除此外沒有什麼能夠在浩瀚無邊、清淨無瑕的空性中產生出來，人人都有佛性，你們早已被接納了。」

國王和他的隨從都耐心地聽著這無上的真理。

文殊師利友又接著說：「不要執守於『我』和『我所』，捨棄一切內外、能所、善惡的觀念執著，一切都將完全清澈明白。」

五種姓佛

藏語稱「該哇惹阿」或「德銀協巴惹阿」，稱五部佛或五方如來，常做為佛教密宗本尊佛，即中央毗盧佛（大日如來）、東方不動佛（不動如來）、南方寶生佛（寶生如來）、西方無量光佛（無量光如來或阿彌陀佛）、北方不空成就佛（不空成就如來）。藏傳佛教密宗進行灌頂時所戴五佛冠上的佛像即指此五佛。

羅刹珠子鼻

修行可以讓我們修出謙虛，修出包容，修出慈悲，修出智慧，修出光明的人生，修出清淨的心靈，修出歡喜的性情，更可修出一輩子的感恩。

從前，有個牧人住在偏僻山區，白天替人放牧牛群，晚上就睡在雇主的穀倉裡。雇主經常去當地的喇嘛那裡聽佛法，留下牧人一個人看管牛群。附近的人都戲謔地稱這個老實而又單純的牧人叫「羅刹珠子鼻」，因為他小時候出過一次很嚴重的天花，鼻子全是坑坑疤疤的痘痕，就好像是金剛珠。

每次主人聽法回來，牧人都好奇地問：「今天喇嘛都講了些什麼法？他都說了些什麼？」

主人認為他很蠢，從來都不把他的話當回事，心裡說：「一個蠢小子能懂什麼佛法呢？不過是有些好奇罷了，跟他有什麼好說的呢？」主人不理會他，推說忘了，或者說那些教法是秘密的，只能自己知道，不能告訴任何人。可是牧人總是問，主人被問得不耐煩了，就回答說：「我只得到四個字，一個四字的教法，但卻涵蓋了一切！」

這個可憐的牧人強烈地請求主人把喇嘛的智慧說出來和他共享。主人告訴他說：「這樣的教法不能公開傳授，必須在內心深處修習。」這樣一說，更激起了這個卑微牧人的好奇心。

牧人決定親自去尋求主人說的「四字教法」。從他下定決心的那一天起，

他就每天節省一點炒青稞粉存起來，一年之後，積攢了一整袋的食物。在一天深夜，牧人不辭而別了，他沒有將他的計畫告訴任何人。

羅剎珠子鼻不知道那個喇嘛到底住在哪裡，他甚至不知道那位喇嘛的姓名，可是他卻天眞地以爲他可以從任何一位上師那裡得到「四字教法」。他四處流浪，終於在一處人煙罕至的山中發現了一個茅舍。茅舍裡面住著一群瑜伽士，他們正在聽一位老喇嘛講解佛經。牧人也加入了聽法的行列，對一個只尋求用四個字就能解釋所有眞理的人來說，他所聽到的似乎都太過於複雜了。他認爲這位喇嘛一定是個騙子，說了這麼多各種不同的教法和秘密修行，其實一切都可以不必弄得這麼複雜。這個單純的牧人，他固執地認爲所有最精要的教法都可以用四個簡單的字來傳授。羅剎珠子鼻決定到別處去另覓高師，眞正得到萬靈的「四字教法」。

正當他準備離開時，恰好碰到了那個講經的老喇嘛。原來，喇嘛發現羅剎珠子鼻沒去聽法，以爲他生病了，就親自找上門來。羅剎珠子鼻當著老喇嘛的面，毫不遲疑地請求傳授那個秘密的、囊括一切的「四字教法」。當喇嘛說他也不知道有這樣的一個教法時，傻子卻頑固地堅持著，並對一次次的拒絕感到萬分沮喪。最後，羅剎珠子鼻終於克制不住地控訴喇嘛是個江湖騙子，一個裹著僧袍的假道學，然後站起來準備離開。

仁慈的上師生氣了，一把抓起掛在脖子上的大菩提子念珠，對他叫道：「羅剎珠子鼻，爲何如此無理？今天我就來教訓教訓你！吽、班、雜、呸！」說著，用念珠重重地敲打了一下牧人的頭，便怒氣沖沖地離開了房間。

羅剎珠子鼻摸了摸自己的腦袋，一臉迷惑地想：「這到底是怎麼回事？我

向他求法，他卻用念珠打我，並且還唸著神秘的咒語。也許那句咒語就是教法，我終於明白了，那就是我長久以來一直追尋的『四字教法』！」

從此以後，這個心滿意足的牧人除了這神秘的四個字教法之外就什麼也不想了，他一遍又一遍地重複唸著「吽、班、雜、呸！」這個神秘的咒語。不久之後，他因無處可去，就唸誦著密咒回到了故鄉。

羅刹珠子鼻到了家鄉後，雇主全家都想知道他去了哪裡。

「你偷偷摸摸地去了哪裡？怎麼連一句話都不說就走了呢？」主人質問道。

牧人告訴他們，他已經去見了喇嘛，並尋求到了自己需要的一切。主人詢問他得到什麼樣的教法，牧人只是告訴他們，那是一個簡短的四字教法，是一種要牢記於心深切修行的。

羅刹珠子鼻在穀倉裡的乾草堆中做了一個小禪墊，開始修行他所獲得的秘密教法。白天，他在看管牛群時不斷唸誦著這個奇怪的咒言；夜裡，獨自坐在乾草堆中，依舊不知疲倦地唸著這獨特的四字咒言：「吽、班雜、呸！」

這個修行者對這四個字有無窮盡的信心，這是他從喇嘛那裡得到的唯一教法。他雖然心智薄弱卻專心一意，懷著全然的虔敬，不動搖地專注在這個簡單的句子上。

幾年後，鄰近河谷有個貴族婦人得了怪病，每天都像著了魔似的大喊大叫，當地的醫生全都束手無策。她的家人聽說那個雇主家的穀倉裡有一位獨自修行的隱名瑜伽士，就把最後一絲希望寄託在他強而有力的咒言與祈禱上，希

望能治癒那位貴婦人神秘的怪病。

羅剎珠子鼻聽到如此的請求後，心裡感到十分驚訝。他說：「我有一個從來不曾向人提起的秘密、囊括一切的四字教法，或許對你們有所幫助。」說完，他從骯髒的乾草堆中站起身來，出發前往。

瑜伽士被直接帶進貴婦人的臥房，他發現此時的貴婦人正躺在舖著毛毯的高大床上發狂地翻轉。羅剎珠子鼻照著老喇嘛的樣子，從滿是污垢的脖子上取下菩提子念珠，朝著貴婦人的頭重重地敲打了一下，口中大喝道：「吽、班、雜、呸！」說也奇怪，那位被怪病苦苦折磨的婦人彷彿從噩夢中醒來一般，竟神奇地痊癒了。

羅剎珠子鼻名聲大噪，被遠近的人視為異人。他獨特的四字法使無數人獲益並深具信心。

一天，羅剎珠子鼻聽到那個年邁喇嘛生病了，並且已經病入膏肓。喇嘛感染了一種西藏人所謂「白血」的病，他的喉嚨裡不斷地繁殖出一種癬菌。沒有人能夠治癒他的病，只好去請那個以醜陋鼻子而聞名的瑜伽士。喇嘛的侍者們舉著幢幡來迎請這位有名的奇人到他們的營地去。

羅剎珠子鼻一聽到他敬愛的上師生病了，立刻就跑去了。當羅剎珠子鼻來到這裡，老喇嘛卻不認識他。老喇嘛並不知道自己有這麼一個弟子，在他漫長而豐富的一生中教過了如此多的弟子，他如何能全部記得清呢？

這個古怪的瑜伽士取下念珠，在上師的頭頂上敲打了一下，同時喊著他成名的密咒：「吽、班、雜、呸！」

老喇嘛掙扎著從病床上爬起來，驚訝地詢問這個瘋子到底是在搞什麼名堂。一臉鄭重的大鼻子瑜伽士說：「我正在修您傳給我的神聖教法啊！」

「這是哪門子的教法？我不明白你在講什麼？」老喇嘛說。

羅剎珠子鼻提醒喇嘛有關那個秘密的、囊括一切的四字教法，這些年來，他獨自在穀倉裡虔誠地修行，而且從這個教法中獲得了許多奇蹟。生病的喇嘛突然想起了站在他面前的這個瘋狂瑜伽士，瞭解了這一切後，他忍不住大笑起來。他笑得實在太厲害了，喉嚨裡的那塊癬菌竟然被咳了出來，喇嘛因而痊癒了。

喇嘛吃驚地搖著頭，並感謝這神奇的力量。他想：「這個看似愚笨的牧人真的是很特別，他用一種怪異的、讓人難以理解的方式，達到一種不尋常的境界。真是一位適合接受秘密大圓滿教法雪獅之乳的法器！」

喇嘛對羅剎珠子鼻說：「我有一些特殊的教法要傳給你，做為我對你的報答，那是最殊勝的秘法。」

大鼻子瑜伽士似乎對老喇嘛的建議很生氣。他說：「您說什麼？還有四字

教法之外的佛法嗎？那是不可能的！」

這經驗豐富的上師善於調伏各種根器的弟子，他向羅剎珠子鼻瑜伽士解釋說，事實上他想傳授的是那深奧的四字教法的注論。於是，那位有智慧的喇嘛傳授給羅剎珠子鼻瑜伽士無比的觀念和至高的禪定，以及根據大圓滿眞正四字教法中本自具足大圓滿的自在行爲。羅剎珠子鼻眞正成爲一個開悟的大圓滿上師。

七佛

藏語「桑結巴窩頓洞」，佛教神話傳說在釋迦牟尼以前就已有六佛，加上釋迦如來則共為七佛：即毗婆佛（勝觀佛）、屍棄佛（寶髻佛）、毗舍浮佛（一切勝佛）、拘留孫佛（滅累佛）、拘那舍牟尼佛（金寂佛）、迦葉佛（燃燈佛或飲光佛）和釋迦牟尼佛（能仁）。其中拘留孫佛又稱賢劫第一佛，拘那舍牟尼佛又稱賢劫第二佛，迦葉佛又稱賢劫第三佛，釋迦佛又稱賢劫第四佛。

寂天的開示

信佛而不去學佛，就是迷信；拜佛而不去學佛，也是迷信。學佛是要學得像「佛」一樣。如能再進一步地去學佛的修養、學佛的慈悲、學佛的智慧，並且實際認清自己，體會宇宙的真理實相，如此的學佛，也就是像佛了。

寂天出生於一千兩百年以前的北印度，他是梵文古籍《入菩薩行論》的作者，該書闡釋了菩提道的生活方式。

寂天是一位王子，在他很小的時候，渡母女神曾在夢中提示過他，關於世俗生活與存在之苦。在他要登基成為國王的前夕，智慧本尊文殊師利也同樣警示過他現世之苦。於是，寂天毅然地放棄了他的王位，到森林裡去練習瑜伽與禪修，後來他成為那瀾陀大學的一位僧侶。

寂天在那瀾陀佛學院是從來不與他人往來的，一日要吃五餐，整日把自己關在屋內。他的師兄弟們給他取了個綽號叫「布速庫」，意思是一個只會吃飯和睡覺的人。沒有人知道他是有證量的，相反地，他的「大米袋」綽號卻是不脛而走。

一些僧人希望將這個懶惰的、逃避責任的人趕出這所有聲望的寺廟，可是缺乏一個強而有力的藉口。一天，他們想出了一個辦法，就是讓每個比丘都必須在全體僧眾前背誦一部完整的經論。他們認為懶惰的寂天是無法做到的，他一定會羞愧地主動離開這個學術聖地——那瀾陀寺院。

　　一開始，寂天反對這個意見，由於大眾的堅持，他最終同意了。但他提出了一個條件，如果他能準確無誤地背誦一部神聖的經論，大眾們就必須爲他準備一張高大的法座。僧眾們同意了這個奇怪的要求，他們準備看寂天更大的笑話。

　　到了預定的那一天，寂天以雄獅般的步伐登上了大法座，以帝王般的自信坐在上面，他問群集的比丘是要聽一部以前學過的經論，還是聽一部尚未聽過的經典。那些愛說閒話、設計要陷害寂天的人感到很奇怪，都異口同聲地說要聽一部從未聽過的經論，他們認爲寂天一定會出醜的。

　　寂天祈請過去、現在、未來三世一切諸佛和菩薩後，很自然地唱誦起了他偉大的即興作品《入菩薩行論》中開章明義的優美偈頌，接著，他即席吟誦了整個部分。

當寂天唸到第九品有關超凡的智慧與空性時，他從法座上升起，緩緩地消失在虛空中，僧眾們只聽到他宏亮的聲音，宣讀著最後一品。

在座的每一個人現在才知道，一位證悟的上師曾經生活在他們當中，他們卻不自知。這時，寂天已經沒有了蹤跡，無處可尋了。

他的敵人雖然達到了目的，卻十分後悔，一個偉大的上師就這樣被他們錯過了。當一些比丘去打掃寂天的寮房時，他們發現了其他兩本著作，寂天將它們藏在門楣上面的小架子上。

尊貴的寂天至今仍被譽為印度佛教最偉大的證悟作者之一。時至今日，他的長篇梵文古典名著《入菩薩行論》仍被廣為流傳。

歡喜佛

根據密宗教義，歡喜佛是護法佛，它透過各種猙獰、恐怖的形象象徵用兇猛力量戰勝邪魔外道，表示大憤怒、大勝利、大歡喜的宗教精神，同時又以單裸體、雙身裸體男女交接象徵脫離塵垢界，以男代表方法、女代表智慧，男女裸抱展現方法與智慧雙成，進而能進入佛國。喇嘛教供奉的單體和雙體佛都是表示降伏妖魔得到大勝利的寓意像。「歡喜」在這裡的含意是指用大無畏的氣概和力量把異教徒俘虜到手，盡興蹂躪，內心因得到巨大勝利而歡喜，進而更增加了密宗佛教藝術的魅力。

奇異的白法螺

能欣賞人間一切美麗、清香的人與事，對人間萬象抱著更寬容、更喜愛的胸襟，把「空」提升到更高的境界之美，這種意境，就是「空即是色」了。

印度國王達瑪帕拉與漢地國王第哇熱紮雖然素未謀面，卻透過各自的使者結為了朋友。印度國王達瑪帕拉在位時，外道軍隊摧毀了室利那爛陀寺，毀滅佛法。於是，印度國王達瑪帕拉寫信向漢地國王第哇熱紮請求派遣援軍。漢地國王回答說：「我的軍隊雖然不能前來助戰，但是我送你一件寶物，依靠它可以制伏外敵，振興佛法。」這件珍貴的禮品是一件用薄錦紋緞做成的無縫大氅，胸前織有吉祥結，兵器及斧鑿都不能破入。隨後，漢地國王又送了兩次珍寶，並附有計謀及教誨之言。

憑藉此物的法力和機運，印度國王打敗了外道的軍隊，使佛教又如太陽一般閃爍光明。印度國王十分歡喜，致信給漢地國王說：「使佛法如此興盛，全靠您的慈悲教誨和歷次送來的禮物的力量。您的恩德至大，您願得到什麼回禮，請告訴我。」漢地國王說：「如果你真有此心，就將佛陀八歲身量之像，佛陀的法螺，《河邊所述經》、《莊嚴經》、《毗奈耶經》、《寶篋經》等四部經籍以及四位持律比丘送來。」達瑪帕拉王說：「我雖從未想過將我的本尊釋迦牟尼像等送人，但您的恩德至大，迎去您處，對眾生大有利益。」於是獻大供養，隆重迎送，將釋迦牟尼像及法螺等迎請到漢地。

後來，蒙古大汗忽必烈汗將白法螺奉獻給法王八思巴，從此這個法螺從漢

地傳入薩迦。有一種說法認為，大白法螺是由汗王闊端獻給法主薩迦班智達的，此後由薩迦班智達傳給八思巴。還有另一種說法是，這個法螺就是薩迦班智達的，是他在蒙古各個語言不同的地區弘揚佛法時的法螺。此善逝佛陀的殊勝法螺，是眾生怙主法王八思巴從漢地返回薩迦時帶來的，並親自祝願它成為眾生的救護。

這個法螺的巨大功德，難以詳述。簡而言之，具有根器的人看見它時，其人即具有十善根器及無數自在殊勝。如果聽到此法螺的聲音，立刻能清除無數劫中所累積的違礙惡業，關閉墮入惡趣之門，得轉生善趣及解脫之福。此外，當有情眾生的福樂之源猶如農作物被具八惡之冰雹摧殘之時，如果聽到此法螺之聲，立刻能瞬間平息，猶如農作物復得大地之精華，眾生得幸福完滿。

後來，在持咒法王阿旺貢噶仁欽時，當教法之敵拉薩宗巴等惡魔幻化劫走薩迦大殿無數供品及這個法螺時，這個法螺不喜歡留在那個邪惡的地方，願意回到受瑜伽自在尊者護持福地，所以法螺裡面長滿了蟲子。他們將法螺列入供器之中，雖無人吹奏，但此法螺自己發出不祥之聲。因其顯示這數種不祥之兆，故彼等立即將法螺送回薩迦大殿，以示懺悔。此法螺與滿足善願的如意寶貝毫無差別。人立於法螺面前時，所祈願的最終成就之果皆會得到如願的賜福，而得以成就。

多傑羌

意為「金剛持佛」，為釋迦牟尼佛在色究竟天轉密乘法輪時稱號，亦即為釋迦佛在演講密法時所現身相，故為密宗之秘密主。其形象為身呈青金色，右手持金剛杵，左手執金剛鈴，表示金剛部菩薩摧毀敵魔之堅毅智力。

智慧可以傳染

人生的意義，不在於世壽的長短及色身的強弱，而在於善自利用有限的生命，為眾生謀取福利，為世界留下貢獻。

康地在數世紀以來，都是西藏地方最主要的禪修及瑜伽修行的地區。

一次，巴楚仁波切獨自在瑪康附近的崎嶇山路上流浪，天黑之後露宿在野外。他禪修寂天菩薩的菩提心法，那是關於發願利他以求證悟的教法。巴楚的願力是希望毫不偏私地對待他人如自己一般。

山谷中居住著兩個爭鬥不休的家族。這位離群獨修的上師敏銳地感覺到四周的暴力氣氛，激起了他慈悲和虔誠的祈禱。

有一天，交戰的雙方發現一個流浪漢坐在路旁，大家都想知道他是誰，到這裡來有何意圖。巴楚橫躺在山徑一段狹窄的轉彎處，每一個過路人都無法跨過他。巴楚用這種不尋常的姿態，為每一個過路的人祈禱，希望能平息他們的暴力情緒。

這時，三個全副武裝的年輕騎士遇到了這個飽受風霜的老行腳僧，他一動也不動地坐在那裡，身旁的營火早已熄滅。他們跳下馬來詰問道：「你橫躺在路上做什麼？是不是生病了？」

大師漫不經心地說：「別擔心，年輕人，你們不會感染上我的病，這叫做『菩提心』，很難傳給像你們這樣年輕健壯的戰士！」三個人有些迷惑，跨上

馬急馳而去。

後來巴楚對弟子說：「無私的菩提心是會傳染的，因為你可以從偉大的精神修行者處感受到它。但是現在，雖然很多人宣稱擁有它，卻很少有人真正發展出無緣大慈、同體大悲的徵兆。」

隨後，他祈禱說：「願一切眾生無有例外，都能感染到這寶貴的菩提心。」很神奇地，瑪康地區原本不斷地流血爭鬥事件很快就平息了。當地的人們聲稱，年輕的戰士一定是從那擋在山路中、隱名證悟的流浪漢處感染到了和平的疾病。

八大菩薩

隨侍如來的八大隨佛子。指文殊菩薩（江白央）、金剛手菩薩（恰那多吉）、觀世音菩薩（堅熱叟）、地藏王菩薩（塞寧保）、除蓋障菩薩（知巴南木賽）、虛空藏菩薩（南喀寧保）、彌勒菩薩（強巴）、普賢菩薩（貢都桑布）。其中文殊為智慧第一，觀音為慈悲第一，普賢為大行第一，地藏為大願第一。金剛手，漢語中又稱大勢至菩薩。

一位印度班智達在西藏

參禪修道，除了開拓福德、智慧外，更要能常養慈悲心，而以禪心、悲心加上佛心來淨化心靈。

證悟的班智達斯利帝加那經由他的預知能力知道他過世的母親已投生為青蛙，被困在西藏一戶人家的爐石下。因此，雖然年紀老邁，且需由翻譯伴隨，他翻過喜馬拉雅山千辛萬苦地從印度到西藏，為了解救、引導他母親投生更好的地方和得到開悟的解脫。

正當他越過兩個佛教國家的分界線時，他的翻譯竟死了。這是西藏人的不幸，因為沒有這位睿智的學者翻譯就無法教誨他們。幸而他沿途學會幾句藏語，靠著神奇的力量去尋找他母親悲慘的投生地。

他終於找到那間房子，裡面住了個老婦人。匿名的印度人就在這戶人家打雜當僕人，沒有人知道他是印度聖地最博學的大師之一。老婦人讓他擔負著最艱辛的雜役，她甚至坐在他身上擠牛奶，以代替坐墊。

這位聖者同時為他母親祈禱，在爐邊以及屋子的佛堂上點燈、供花，自身精進修持以便幫助他母親和同樣陷在惡業之網的所有眾生。他發現無以計數的小蟲子也住在爐石下面，他決心以菩薩願利他的力量來超渡牠們。最後，他成功地將他母親以及其他小生物的神識都超渡到淨土去。

有一天，這位有神通力的印度班智達用不甚流利的藏語告訴他年老的女主

人：「明天我們必須離開這房子，因為上方的山坡會崩塌。」他也警告鄰居們。

老婦人早就覺得她這奇特的僕人絕不是普通的流浪漢。於是，拖著牛和斯利帝加那離開了房子。其他的人都想：「那麼高的一座山怎麼可能會崩塌下來？那不識字的怪人一定在胡說！他大概瘋了！畢竟他連藏語（佛教的母語）都不會講，他懂什麼？」

第二天，果如預言，整座山塌了下來，將整個村子掩埋。那座山的裂罅在康地滇闊附近，至今仍清晰可見。

斯利帝加那圓滿地為他亡母超渡後，到滇闊朝拜了有名的渡母寺卓瑪拉康。站在寺院門口，他聽到一位曾到過印度的西藏譯師正在教授「阿毗達磨」內的佛教心識學；因為譯師學問平平，所以他的教法在形式上或內容上並不完全正確。

這位匿名班智達以清楚無誤的梵文在寺院門上寫著做為答覆：

不舉首看月，
愚者注視著水中倒影；
不尋覓真正聖者，
愚者只隨無明。

與其依師，
無寧依法。
毋依文字，

應依其義；

不依不了義，

應依了義。

然後他就離開了。

譯師教完學，在寺院周圍繞行，走到那扇門時，他看到班智達的題辭，立刻知道這有深意的字語一定是位博學之士所寫，他詢問所有在場的人是否知道誰在門上題字，有人說幾分鐘前有一位乞丐在附近逗留。

西藏譯師急忙追趕出去，終於在滇闊上方一條狹窄的山徑追上正靠在路旁石頭上休息的斯利帝加那班智達。那位譯師立刻認出眼前這位聞名學者的真正身分，他虔誠又禮敬地在這位印度人腳前的泥土地上一再跪拜頂禮，請求原諒他沒有早些認出大師，並很謙虛地表示願意當他的翻譯。從此以後，這位偉大的印度班智達在康地教學多年，利益無數的人。他最後在滇闊附近圓寂。

斯利帝加那吩咐弟子千萬不要將他的遺骨放在舍利塔的聖骨箱內奉祀，而要面朝下埋在土裡。這是一個前所未聞的要求，目的是為了平服龍族———種像蛇的生物，被認為是痲瘋病的禍源。

「如果你們能照我的吩咐去做，」班智達說：「那種疾病就不會延禍到這地區來。」

虔誠的弟子們認為，將他們敬愛的上師臉朝下埋葬是不合宜而且極不恭敬的；相反地，他們將他的遺體呈吉祥臥，並且在他的墳上造了一座很大的舍利塔。

由於他們不遵從他明白的指示，當痲瘋病後來席捲整個地區時，滇闊也無法倖免。最近那座古老的舍利塔被破壞了，但斯利帝加那的遺骨為破壞者所忽略，至今仍留在原地。

岡金貢保

藏語意為「雪域怙主」，指觀音菩薩。藏傳佛教以為觀世音菩薩大慈大悲，最能救渡苦難，普渡眾生，故以之視為西藏的救世怙主。同時許多神話傳說都和觀音菩薩聯想在一起，如說西藏的族源是由觀音菩薩點化一個神猴和岩洞魔女結合而來；著名的藏王松贊干布和達賴喇嘛都是觀音菩薩的化身等。值得注意的一點是藏傳佛教在塑造觀音像時都是男身。

捉龍入甕

「魔高一尺，道高一丈」，非凡的法通和超人的智慧總是能夠增強正義的力量，無邊的佛法能夠戰勝一切邪惡的東西。

大素爾‧釋迦郡勒大師曾經親近過許多上師，門下聚集了大批的弟子。他還主持修建了鄔巴隆寺，並在香區達桑巴修院中建造了九尊吉祥護法像。

一天，大師從修院前往雅桑時，中途路過鄔凍岩，岩上不知何時來了一條惡龍，牠口吐黑氣，摧毀田園，吞噬生靈，誰也不敢從這裡經過。大師走到岩下，用慧眼察看四極，只覺這裡渾渾濁濁，妖氣沖天，屈指一算，原來是惡龍作祟。隨即大喝一聲，騰空而起與惡龍鬥法，雙方搏鬥了三天三夜，惡龍才被降服。大師一腳踏其頭，一手挾其腰，慢慢地把牠壓入陶罐之中，用皮膜封住罐口，並加蓋上印章。

大師用這個裝有惡龍的陶罐收集來自各方的美酒，只要一打開罐口，裡面的酒就會源源不斷地流出，永遠都不會停止。每次遇到羯摩法事或做開光時，大師除了用此罐中的酒之外，還會借用許多村中的牛，屠宰後做法事宴席上的供品。讓人感到不可思議的是，一到黃昏時分，這些從村中借來被屠殺的牛，卻一隻隻悠閒地回到村民的家中，一隻都沒有少。

有一次，大師去大河南岸做法事，把手中的陶罐交給身邊的一個侍徒照料。侍徒對這個式樣別緻、花紋精美的陶罐十分好奇，總想看看罐內究竟裝有

何物，於是偷偷地開啓罐口。正準備看時，有一條白蛇跑出罐口，逶迤而去。

大師在塔區嘉窩修練時，大喇嘛卓彌對他說：「我想用黃金來供養我的上師班智達，如果你能供給我一些黃金，我將傳授給你高深的法術。」大師聽後，便毫不猶豫地答應了下來。弟子們都勸大師不要這樣做，因爲他們的手裡根本沒有黃金，實在是無法籌集。大師不慌不忙地說：「上師之言即是悉地，你們趕緊去，在距離此處不遠有個山窪處，去乞求非人賜的黃金吧！」

弟子們找到那個地方後，果然遇到地神賜給他們黃金，並指點說：「在沒有發現動物形狀的黃金之前，所得的黃金都可以動用。」弟子們手忙腳亂地裝了滿滿一袋黃金，直到發現有蛙形金塊出現時，眾人才停止下來。

大師將黃金供養給卓彌喇嘛，喇嘛也履行了他的諾言，傳授了不可思議的秘訣。

舊密大師釋迦郡勒能夠把龍捉入罐中以及他能獲取神所賜的黃金，足以見得他有非凡法通和超人智慧，進而能得到大喇嘛卓彌傳授的修法秘訣。

轉經輪

藏族信仰習俗。藏族人普遍信仰喇嘛教，即藏傳佛教。信教必須經常唸經，但很多人不識字，於是便轉經輪，轉發一圈經輪，相當於唸一遍。因此，轉經輪成為許多藏族人民的日常活動，許多人家都有手搖經輪。經輪有大小和質地的不同，但裡面都裝有經卷。轉經輪時，黃教信奉是順時針方向轉，黑教信奉是逆時針方向轉，否則會被視為對菩薩不敬。

渡河到波岸

　　仁慈之心可以超脫羣俗達到淨界，朝聖的旅途不是用腳去走就能到達的。凡是能站在別人的角度為他人著想，這就是慈悲。

　　西藏是朝聖者心目中的聖地，茫茫雪原上升騰的白雲就像是狂飆撕裂的海浪，朝霞如同一隻隻纖纖素手輕撫著唐古喇山與橫斷山清冷如玉的肌膚，撩起金沙江與怒江兩條纏繞其間的飄逸綢帶。

　　這是一個佛的國度，雅魯藏布江的千里碧波能將你的心洗清，喜馬拉雅山的萬里冰峰可以將你的魂喚醒。生活在這一帶的藏胞們用七尺之軀，三步一叩，不辭辛苦地翻過千重雪峰萬道關山來朝拜聖城——拉薩。

　　有兩位出家人，也是眾多朝聖者中的一員，他們從犛達出發，一路向拉薩朝拜而來。

　　一天，他們來到了一條湍流不止的河邊，看到了一個罹患痲瘋病的老婦人坐在那裡行乞。

　　老婦人穿著破爛的衣服，手裡拿著一個缺了口的瓷碗，兩眼望著滾滾的河水，嘴裡不住地唸著經文。

　　兩個人來到了身後，老婦人聽到腳步聲，緩緩地回過頭來。她的臉就像被滾水燙過一樣，整個五官都連成了一片，臉部被浸潤成可怕的「獅面」，鼻子

就像漿糊一樣貼在臉上，眼睛紅紅的，眉毛全部脫落了，如同一個來自地獄的鬼。兩人見狀，不由得後退了幾步。

　　老婦人用嘶啞的嗓音要求這兩位僧人幫她渡過這條河。其中的一位僧人，不自覺地感到厭惡，他捂著鼻子，傲慢地撩起僧袍，涉水而過。來到對岸後，他遲疑不決地等待那位慢吞吞的僧友，不知他的朋友是和他一樣棄痲瘋老婦人於不顧，還是帶她一起過河來。

　　第二位僧人面對這個無助的醜老太婆，心裡感到十分難過，內心深處很自

然地升起了悲憫之情。他扶起這位患有痲瘋病的老婦人，小心翼翼地將她背在背上，奮力踏入漩渦激蕩的河水中。

他背著老婦人艱難地來到河中央時，渾濁的河水沖蕩著他的雙腿，狂風將他浸濕的毛料僧袍掀起，他搖搖擺擺地站在那裡，就像激流裡的一片樹葉。如果他放下身上的老婦人，或許還會有生還的希望，可是他沒有，而是緊緊地抱住老婦人的雙腿。眼看著兩個人就要葬身水底了，就在這時，不可思議的事情發生了！

這位善心的僧人突然驚覺背後的重物一下子消失了，頭頂上還不斷傳來衣袂的飄蕩聲。他抬頭一看，只見智慧本尊——金剛瑜伽女在他上空優雅地飛騰，並伸手將他拉到她所統轄的空行淨土。

對岸的僧人得到極大的教訓，他切身體驗到了慈悲和幻相的本質，只好獨自繼續他未竟的朝聖旅途。

關於活佛的轉世制度

發源於十二世紀初。西元1193年，藏傳佛教噶瑪噶舉派的創始人都松欽巴（意指聖識三時，三時即過去、現在和將來）大師，臨終時口囑他將轉世，後人遵循大師遺言尋找並認定轉世靈童，進而開了藏傳佛教活佛轉世之先河。之後，活佛轉世這一新生的宗教制度相繼被藏傳佛教各宗派所普遍採納，並在長期的發展過程中，逐步形成了對於活佛轉世靈童的尋找、認定、教育等一整套嚴格而系統的制度。使活佛世系像雨後春筍般地在青藏高原出現。據估計，目前整個藏傳佛教活佛的總數可達近萬人。

第三章

智慧篇

嘛呢老人

老子說：「禍兮福之所倚，福兮禍之所伏。」好事和壞事是可以互相轉化的，悲劇的認定不在於悲劇的本身，而在於你的態度。

從前，在偏遠的西藏康地居住著一位老人，他日以繼夜很虔誠地旋轉自己做的小嘛呢轉經輪，轉經輪裡裝滿了大悲觀世音的心咒——唵嘛呢叭咪吽，遠近的人們都親切地稱他「嘛呢老叟」。

老人的妻子由於積勞成疾，早已辭世，投生到更有福分的地方去了。他和自己唯一的兒子住在平原邊靠河的一幢簡陋石屋中，過著簡樸單純的日子。父子倆相依為命，共同飼養了一匹駿馬，兒子是老人生命的寄託，那匹駿馬則是兒子的驕傲和快樂。

一天清晨，他們的馬突然不見了，兒子急得四處奔走找尋，鄰居們也為老人遺失了唯一的財富而惋惜不已。可是老人卻默不作聲地倚在石屋外的矮牆上，面對著太陽安詳地搖動著他的經輪，口中不斷地唸著「唵嘛呢叭咪吽」這句藏族最流行的真言。對別人的詢問或安慰，老人只是淡淡地說：「對萬事萬物都要心存感激，無所謂失去與擁有，什麼是福？什麼是禍？我們等著看吧！」

幾天後，那匹駿馬回來了，後面還跟著一些野馬。老人和兒子很快就馴服了這些野馬，鄰居們也為老人意外的好運而歡唱恭賀。老人搖著經輪微笑著

說：「我很感謝……但誰曉得呢？我們等著看吧！」

這件事過了不久，老人的兒子在一次騎野馬馳騁的時候，不小心跌落下來，摔斷了腿。鄰居們將他抬進石屋，七嘴八舌地詛咒那匹野馬，並為男孩的厄運而嘆息不已。老人坐在愛子的床邊，不停地一圈又一圈地搖著他的經輪，嘴裡喃喃地唸著大悲觀世音的心咒。老人既不抱怨也不詛咒，只是溫和地對兒子說：「佛是慈悲的，我很感激你生命的倖存！」

當時的康地分裂成十幾個小王國，每個小王國都採取強制徵兵的手段來擴充自己的軍隊。老人的兒子剛摔斷腿，軍官就來到村裡徵召年輕人入伍，準備參加一場打得正激烈的邊境戰爭。當地的年輕人被強行帶走了，全都戰死在沙場，只有「嘛呢老叟」躺在病床上的兒子因病倖免於難。村民們爭相向老人恭賀他的好運，並將這些好運全歸功於老人不停的搖轉經輪，以及他那乾裂嘴唇不曾間斷持誦真言所累積的善業。老人聽後，只是笑而不語。

一天，父子倆坐在和煦的陽光下注視著馬群在草原上吃草時，沉默寡言的老人突然唱起歌來：

人生就這麼週而復始，起起落落。

我們的生命就像水車的桶子，

空了又滿，滿了又空。

我們的肉體，就像陶土一般，

被塑成了一個又一個不同的形狀；

生命必將循環不止，

形體破滅了還會重生。

卑下必高升，崇高終墮落；

黑暗將變亮，富貴轉成空。

兒啊！如果你是一個非凡的孩童，

他們將會把你迎請進寺院，如同轉世的活佛。

兒啊！如果你過度聰敏，

你將疲於案牘勞形，為他人的爭執所束縛。

一匹馬有一匹馬的苦惱。

財富雖好，

但也很快失去它的魅力，

終將成為負擔、爭執的根源。

沒有人知道什麼業等著我們，

但有一點是深信不疑的——

它們只有今生播下善良的種子，

在來世才會成熟為愛的果實。

因此，要慈悲對待所有的人，

不要在得失的幻象上，

心存偏見。

不希求也不恐懼，不期盼也不焦慮；

不論你的命運如何，一定要心存感激。

接受每一件事，接納每一個人；

遵從佛陀正確無誤的法教。

在純樸與自在中，

自然地保持安適與祥和。

假如你歡喜，你盡可將箭射向虛空，

兒啊！但是它們終歸要落回大地。

在老人唱歌的時候，經幡在他頭頂上方不斷地飛揚，而那塞滿成千上萬手
寫密咒的嘛呢輪，也伴著歌聲不斷地旋轉著，一圈又一圈……

密教灌頂

　　灌頂是「清淨」，當上師授你灌頂的時候，表示從這一刻開始，你
就變得完全清淨了，過去身上的業障消除了，成為一個新生的人。灌頂
是「加持」，就是上師修行的法力灌注在你的全身。可以說是宇宙意識
傳承的法流，跟上師本身修行的法力，集中灌注在你的身上。灌頂也是一
種「授記」。密教的修行是「由果向因」。是說你在當時受灌頂的時候，
就得到一個果位了，這就是授記。以前燃燈佛幫釋迦牟尼佛「授記」的時
候，說他將來成佛的佛號是「釋迦牟尼」。

如此坐禪

對生靈有著慈悲之心固然很好，但比之更偉大的是拯救它們的行為。

有個老喇嘛整日在水潭邊的一塊平坦的大岩石上打坐，他沐浴著從雪山山上颳來的清涼的風，聽著清泉汨汨的流淌，心裡充滿了寧靜。

誰也沒有想到，他的寧靜卻被一隻小小的昆蟲打破了。

那是一個和風息息的清晨，他像往常一樣，坐在潭邊的岩石上，準備開始誠摯的祈禱。就在他盤起雙腿，調整好坐姿的一剎那，猛然間瞥見一隻纖細的昆蟲在面前的潭水裡無助地掙扎。他撐起老邁的身體，顫顫巍巍地走到潭邊，將那微小的生物送到安全的地方。從此以後，老喇嘛一次又一次地往返於岩石和潭水之間，救出來的生物也越來越多。

他的禪修就是如此，日復一日……

他的師兄弟們——那些虔誠的修行者，通常也會到荒無人煙的地方，選擇岩石峻谷或山洞獨自打坐修行。

一天，他們結伴來看望這位德高望重的老喇嘛，在離水潭還有很遠的地方，就發現老喇嘛幾乎不曾安靜地坐著。原來，他把禪坐的時間大部分都花在搭救水潭裡的蟲子這件事上了。老喇嘛的師兄弟們很不理解他的做法，雖然救護一個無助的生命，不論其形體的大小，都是理所當然的，可是這會讓人分心，是不利於修行的。他們想勸老喇嘛換個地方到別處去靜坐，遠離這些令他

分心的事，禪定功夫可能會更好些。

就在這天晚上，他們向老喇嘛表示了他們的關懷。

「到別的地方去打坐吧！入甚深禪定，整日不受打擾，不是更能獲益嗎？」一位僧友說道。

「是啊，這樣您就可以更快地證悟了，如此一來，就能救渡所有的眾生從輪迴的苦海中解脫。」一位僧友補充說。

「如果您不願意走，您就閉著眼睛在池邊打坐，眼不見心不煩！」一位僧

友自作聰明地建議。

「如果您在打坐的時候不斷地站起、坐下，一天反覆不下數百次，您怎能得到寧靜和甚深如金剛般的定力？」一位血氣方剛的僧友比其他師兄更有勇氣、更機智地質疑道。

老喇嘛面帶和藹地聽著眾人的你一言我一語，沒有發表任何意見。當這些人都說完了他們要說的話後，老喇嘛感激地向大家深施一禮，緩緩地說道：「諸位師兄弟，誠如你們所說的，如果我整日坐著不動，我的禪定功夫一定會更進一層。但是，出家人以慈悲為本，你我也曾發願要將此生此世用來服務救護他人，我無法做到閉上眼睛、硬起心腸來祈禱並吟誦大悲觀世音利他無私的心咒，卻任由無助的小生物溺死在我的眼前而不顧！」

面對這個簡單而又謙虛的回答，那群喇嘛的臉全都紅了。

「喇嘛」在密宗的含意

「喇嘛」，是藏文（bla-ma）的音譯，該詞最初是從梵文（gu-ru，固茹）兩字義譯過來的，其本意為「上師」；然而在藏文中還含有「至高無上者或至尊導師」的意義。因此，後來隨著活佛制度的形成，「喇嘛」這一尊稱又逐漸成為「活佛」的另一重要稱謂，以表示活佛是引導信徒走向成佛之道的「導師」或「上師」。

忍辱波羅蜜

　　把心靈修練成海，能匯百川而滌盡污濁，容萬物而了無痕跡。修練的重點應在精神與心靈上，而不應放在外表的形式上。

　　西藏的瑜伽士，他們遠離人群和城市，棲身在高山之巔、叢林深處過著隱士一般的生活。他們都是佛法的修持者，卻從來都不會居住在寺廟裡，一個個離群索居，獨自打坐和祈禱。還有一些行者，他們居無定所，四處自由的流浪，沒有任何財產和社會地位做為寄託，整日衣衫襤褸，滿臉灰塵，看起來更像是個乞丐。事實上他們更貼近於遠古那些狂熱而又神秘的印度集大成就者。

　　大師巴楚仁波切就是以其質樸的生活方式而著稱的，他破除偶像崇拜的作風和毫不做作、隨和的性格，與他博學多聞和精神上的偉大成就是齊名的。他告誡修行者，不要追求表面的形式，應該將修行的重點放在精神與心靈的本質層面上。因此，他對消除傲慢和虛偽矯飾，從來都不會猶豫。就這樣，這位佛門證悟的流浪漢──巴楚仁波切，匿名為行腳僧四處流浪，足跡遍及高山草原、大街小巷、房舍村落。

　　一天，巴楚仁波切聽說雪山的山腳下有一位標榜自己有超人定力的隱士，長久以來都過著與世隔絕的生活，便決定去拜會這位隱者。當他走進那位苦行僧昏暗的洞穴時，不由得摒住了呼吸，在他飽經風霜的臉上流露出一絲諷刺的笑容，向洞內窺視。

「你是誰？」坐在破草席上的隱士問道。

巴楚仁波切笑瞇瞇地望著他，不說一句話。

「你從何處來？要到何處去？」隱者打起了機鋒。

「我從我背後的方向來，要到我面對的方向去。」巴楚仁波切這時開口說話了。

隱士一臉困惑地問：「你是在哪兒出生的？」

「人世間。」巴楚仁波切乾淨俐落地答道。

「你叫什麼名字？」隱士接著問道，口氣明顯有些激動。

「沒有什麼作為的瑜伽士。」這位不速之客微笑著謙虛的答道。

接著巴楚仁波切又故作天真地詢問隱士為何住在這麼偏遠的地方。這正是隱士引以為傲的、最喜歡回答的問題。

「我已經在這裡居住二十年了，正在修練至高無上的忍辱波羅蜜！」隱者

一臉驕傲地說。

「非常好！」匿名的訪客大聲地說道。

隨後，巴楚仁波切傾身向前彷彿要向隱者透露什麼似的，隱者將身體向前靠了靠，巴楚仁波切一臉神秘地對他耳語道：「別再騙人了，像我們這些老騙子根本無法駕馭那種事的！」

隱士一聽，憤怒地從座位上暴跳起來，指著巴楚仁波切破口大罵道：「你以爲你是誰，膽敢這樣擾亂我的閉關修行？是誰支使你來的？爲什麼要打攪我這謙卑的修行人靜心的禪修？」

「好啦！消消氣吧，朋友！」巴楚仁波切平靜地說：「現在，你的忍辱波羅蜜到哪兒去了呢？」

密宗的神像之不動金剛

梵語稱「阿遮羅浪馱」，藏語稱「綽沃來伏瓦」。「不動」意爲誓願、決心不動搖。佛經稱其誓願說：「見其身者發菩提心，聞其名者斷惡修善，聞其法者得大智慧，知其心者即身成佛。」他是密教大日如來的忿怒身。

三個願望

人的一生充滿了機遇，但是機遇只會垂青那些已經做好準備的人。機遇也是最難求的，一旦失去，永遠都找不回來。

從前，有一個叫多傑的農夫，他和妻子一起住在中藏的南部。多傑的妻子性情粗暴，整日喋喋不休，命令多傑做這做那。多傑從來不敢對妻子有半點冒犯，總是言聽計從，他有一個最大的願望，就是盼望神能讓他嘮叨不休的妻子住口。

一天早晨，多傑早早地來到石礫累累的麥田裡耕種，突然發現一位女神站在一塊大圓石後面。多傑雖然不知道祂是哪一尊天神，但他還是虔誠地祈求祂給予自己加持，懇請賜予健康與長壽。

女神許諾將滿足他的三個願望，並讓他好好的想一想再說出口，隨後女神就飄然而去了。多傑拿不定主意，更不敢擅自做主，只得放下鋤頭，趕回家去和妻子商量。這時天色尚早，他知道現在回去，妻子貝瑪拉一定會痛罵他一番的，但是他又迫不及待地想告訴貝瑪拉，那位莊嚴華麗的女神將幫助他們實現三個願望。多傑一邊走在路上，一邊思忖著自己該如何利用這意外的恩賜。

當多傑走近他們的小石屋時，貝瑪拉出現在門口。她看見多傑在太陽還沒有落山的時候就收工回來，不由得勃然大怒，張口就痛罵他是個懶惰的傢伙，是個一無是處的人，連兩張嘴都餵不飽，更別說要養一大家子的人了。她怒氣

沖沖地指著多傑的鼻子問：「今天爲什麼這麼早就回來了？你這個大馬鈴薯鼻子！」

一直都在壓抑著脾氣的多傑，這時卻突然震怒起來。「我倒是希望這個又大又醜的鼻子塞滿妳整個廚房，把妳擠到一邊去，省得妳整日說個不停！」他大聲叫道。誰知話音剛落，多傑的鼻子便開始長大，瞬間就像一座小山似的立在他的面前，並把夫妻二人擠到粗糙的牆邊，動彈不得。

貝瑪拉嚇得臉都變了色，不住地大叫救命，多傑也不由自主地喊道：「我不想要這個醜陋的鼻子！」願望立刻又實現了，那個又大又醜的鼻子突然神秘地消失了，在他的臉上留下了兩個漆黑的窟窿——以前唯一令他出名的大鼻子所在的地方，只剩下兩個深深的洞。

貝瑪拉張大嘴巴驚恐地看著丈夫，立刻安靜下來。多傑很快地瞭解到了自己的慘相，拼命地叫道：「我希望自己恢復到從前的樣子，但願在田裡永遠都不再碰到那要命的女神！」

就這樣，三個荒唐的願望都用盡了，可憐而又愚昧的多傑還是原來那個樣子。

貝瑪拉在這件事之後，一連好幾天都刻薄地責罵他浪費了三個珍貴的願望。女神許諾給多傑的願望，不但沒能幫他改變自己的命運，反而增加了妻子對他更多的侮辱與傷害。

「它們原本可以帶給我們無窮盡的好處啊！」貝瑪拉哀嘆道：「我們應該是可以很富有的啊！」

然而，任憑貝瑪拉如何熱烈地祈求，如何奮力地搜遍田地周圍的圓石，也沒有發現那神聖的女神。

就這樣，這對不幸的夫婦苦惱地度過了一生。

歡喜金剛

是藏傳佛教密宗修習觀想的五大本尊之一。藏語稱為「傑巴多結」，又被叫做「飲血金剛」或「歡喜佛」，「歡喜」的更深意思是透過修行所獲得的大自在、大自由和大解脫，也就是真正的身心合一的大歡喜境界。傳說歡喜金剛是大自在天之長子，是一個象徵殘害世界的大荒之神；而明妃則是觀世音菩薩的化身之軀，以救世渡難為本，以其擁抱吸其荒神之大惡之源，鎮壓受懾邪惡和邪慾，以其達到自在歡喜，所以也稱其為「歡喜天」。

編籃師

　　戀愛不是慈善事業，不能隨便施捨的。感情是沒有公式、沒有原則、沒有道理可循的。可是人們至死都還在執著與追求。

　　佛教的比丘通常終生持出家戒，如果想放棄僧侶的生涯，常常會發生問題，這是因爲在不同的佛教傳統裡對於戒律和誓言的解釋尺度是不同的。

　　在佛陀涅槃幾百年後的古印度，有一位誠實、優秀的比丘，每天都去他結居森林旁的一個小村莊裡化緣。當地有個年輕貌美的女子被他俊秀的外表、得體的舉止及其與生俱來的文靜所吸引，不知不覺地愛上了這位比丘。

　　比丘慢慢地知道了這件事情，他婉轉地拒絕了這位女子的愛意，並刻意與她保持距離。隨著時光的消逝，情況並沒有得到改進，這位女子的熱情一日勝過一日，最後竟到了無法自拔的程度。愈是得不到的東西，她愈是想獲得。無論她的父母、親戚、朋友還是村裡的長輩們如何勸導她，都無法將她說服。即使是這位比丘以及他的同修們也來仁慈、同情地與她談論這件事，都沒能化解她內心極度強烈的單戀情結。

　　這個可憐的女子變得失神落魄，不時地哭泣，並想要自殺輕生。

　　謙遜的比丘知道了這個情況，面對如此棘手的難題，他決定勇敢面對。他認爲自己不能遷往他處，置這位女子不幸的命運而不顧。爲了切實實踐他爲利衆生的菩薩誓願，這位正直的比丘經過痛苦的思索和取捨，終於同意了那個女

子絕望雙親的正式提親。婚禮很快地就要舉行了。

「如果這件事是值得做的，就應該盡力將它做好！」這位比丘心裡默默地發誓。

結婚後，他成為一個稱職的丈夫，在各方面都體貼、照顧妻子，他的妻子也深深地愛著他。這對夫婦以祖傳的編籃技藝為生，他們的孩子後來也從事了同樣的工作。每當工作時，這位還俗的比丘雙唇都不住地歙動，似乎是在不停地默唸祈禱文，除此之外沒有任何外在的跡象顯示他從前是個比丘。他的誠實正直很快就被人們注意到了。

小店裡的生意很快就變得興隆起來，當地人都普遍認為能擁有還俗比丘手編的籃子，會得到意想不到的幸運。

一晃幾十年就這樣過去了，這個家庭日益興旺起來，整個地區在物質與精神上也都更充裕豐盛了。這位正直的編籃師在歲月風霜的洗禮下，背早早地就變駝了，人們經常向他尋求忠告和祝福。他的孩子繼承他的風範，子傳孫，孫傳子，一代接一代。

時間無聲地流逝，這對恩愛的老夫妻相繼辭世了，往生到另一個世界，這是我們每個人都無法避免的事，當他們各自奇妙地投生到西方極樂淨土的蓮花苞中，阿彌陀佛授記他們終將開悟成佛。

阿彌陀佛住於西方佛土，虔信者深信能重生於此淨土者，可快速地修證達到完全開悟之境。

阿彌陀佛宣示說：「正直的編籃大師，由於你的無私奉獻和忘我的精神，使你獲得了大的成就。當初你毅然地放棄了原來選擇的寺院生活來挽救一條性命，真正做到了出離、利益眾生和崇高的佛門教旨，大大縮短了你以及所有有幸與你業力相連的人們，到達極樂淨土的路程。」

藏傳佛教是中國佛教三大系統（南傳佛教、漢傳佛教、藏傳佛教）之一，自稱「佛教」或「內道」，清朝以來漢文文獻中又稱之為「喇嘛教」。藏傳佛教有兩層含意：一是指在藏族地區形成和經藏族地區傳播並影響其他地區（如蒙古、錫金、不丹等地）的佛教；二是指用藏文、藏語傳播的佛教，如蒙古、納西、裕固、土族等民族即使有自己的語言或文字，但講授、辯理、唸誦和寫作仍用藏語和藏文，故又稱「藏語系佛教」。

發財夢

人之所以遺憾，就是因為貪慾，貪慾大愛大戀，貪慾十全十美，都是一種不現實的理想主義。

在茫茫的雪域高原上，有一個神奇的湖泊，裡面藏有各種珍寶，用裡面的水沐浴還可以獲得神奇的力量。可是沒有人敢到那裡去，因為湖水裡有個十分強悍的守護神。

有個叫劄西的西藏少年，一心想到那裡去探險。家人勸阻他說：「湖裡的保護神對侵犯祂領域的人從來都不會手軟的，如果冒犯了祂就別想活著回來，你可千萬不要去啊！」

「放心吧！我一定會給你們帶回來金銀珠寶的。」這位少年一意孤行，背個袋子就出發了。

劄西走了很久，終於找到了那個湖，他在一個突起的山隘冰峰流下的雪水匯合處停下了腳步。

西藏的湖泊通常呈現出驚人的蔚藍色，可是那個神奇的湖卻閃著耀眼的金色亮光。劄西被眼前美麗的景色深深地嚇呆了，一切都像是在夢中。

就在這時，突然出現了一位身穿

粗毛袍子的龐大婦人，祂陰沉著臉注視著這個闖入祂領地的不速之客。劙西也是一臉驚訝地看著面前化成人形的湖泊守護神。

「您可不可以賜給我一些珍寶？」這位勇敢的少年鼓足勇氣說道。

「我只給那些有需要卻不要求的人，絕不會給那些不需要卻要強求的人！」如夢似幻的山神在煙霧繚繞的湖面上說道。

劙西說：「我只是想得到我該得的那部分而已。」

「那麼，拿了就走吧！」山神冷冷地說完，便消失了。

劙西欣喜若狂，跌跌撞撞地跑到湖邊，將手伸入閃亮冰冷的水裡。他在水底探了一會兒，撈到了三個金幣。

「哇！我發財了！」他狂喜地叫道：「這些珍寶是我的了！」

一陣涼風吹來，他慢慢地從瞬間的狂喜中冷靜了下來。

「這裡有無窮無盡的寶藏，三個金幣簡直是微乎其微，何不把父親叫來，用袋子多裝一些呢？兩個袋子遠比一個要強多了啊！」

想到此，劙西突然站起來，把身上的舊羊皮袋子和手中的三個金幣全都丟進了水裡，他認為肩上的袋子實在是太小了。

他一路走下山去，找到父親，.說了這次神奇的歷險。父親連夜做了兩個巨型的手編袋子，便和兒子匆匆地出發了。

當他們到達目的地時，果然不出所料，保護神在祂領域的無形入口處出現並盤問他們。

「你怎麼又回來了？我已經給了你三個金幣，還不滿足嗎？」她大聲質問道。

「我父親堅持要親自看一看我是從哪裡找到的金幣。」剳西撒謊道。

「我是怕他偷來的，所以就跟著來了，求您也給我一份吧！我們將不再來打擾您了。」父親在一旁補充道。

守護神將身上的斗篷往上一拉，像雲彩翻捲一般，似乎表示許可，隨之便消失了。

男孩和父親彼此狡黠地眨了眨眼，認為那個無所不能的保護神實在是太容易對付了。

父子二人在湖底撈了一會兒，各自拿到了三個金幣。

此時此刻，貪慾之火在他們眼中肆無忌憚地燃燒著。

「哇！金子！」父親大叫。

「這幾個算什麼！」兒子回應道：「我們回去把我的兄弟姐妹都找來，牽著犛牛來馱。我們好好地撈它一筆，就不用再辛苦地去耕那石頭般的硬土了。」

父子二人腦子裡裝滿了發財的夢想，他們以為自己現在就是富翁了。於是，就用一種極其不屑的姿態將袋子和金幣投入湖中，趾高氣揚地下山了。

這兩位探險者回到家中，召集了所有的親朋好友，大肆吹噓他們的所見所聞，尤其強調他們面對恐怖保護神時無所畏懼的勇氣。

他們還邀請全村莊的人都來享用他們儲存的自製麥酒，聆聽他們勇敢的行為。到後來，每個人都相信那些金銀珠寶早就安全地放在這對喋喋不休的父子的石造儲藏室中。

慶祝活動一直持續到深夜，人們的羨慕和恭維極大滿足了這對驕傲父子的虛榮心。

第二天清晨，帶著醉意的父親和劄西悄悄帶領一小隊近親，牽著幾隻犛牛，帶著他們所能找到的最大的袋子朝山路走去。劄西父子一心想著珍寶，在他們細小而又充滿血絲的眼睛裡閃著金燦燦的光。跟在他們身後的人也滿懷著發財的夢想，沒有人懷疑他們所說故事的真實性。

尋寶者的隊伍暢通無阻地來到湖邊，連保護神的影子都沒有見到。

他們一整天都浸在冰冷的水中來回搜尋，撈到手裡的不是石塊就是水草，根本就沒有什麼金子。一個個精疲力竭，以致天黑了還沒有回到家。

漆黑冰冷的夜裡，當兩手空空的人們蹣跚地踏進那座簡陋的石屋時，劄西的爸爸是否還有剩餘的麥酒，來溫暖一下他冰冷的筋骨呢？這答案只有聰明和天真的人才能夠知曉。

措然巴格西

是僅次於「拉然巴」的一種格西學位。每位考僧只有透過拉薩小昭寺舉行的大法會，並在拉薩三大寺眾高僧前答辯佛教經律論取勝，才能獲得這一宗教學銜。

如願以償的祈求

　　在追求成功的路上，我們不可能一帆風順，總會遭遇或多或少樣的難題，當我們既無法花費力氣克服它、戰勝它，又無法迴避它的時候，我們不妨換個思路，那麼所有的困擾往往就會迎刃而解。

　　一天，堪布塔西歐澤跟著一群朝聖者從衛地風塵僕僕地向前趕路。同行的隊伍裡有一位年輕的尼師，是有名雅卓的多傑帕嫫的化身。隊伍來到離劄嘉寺（Dzazyal Monastery）不遠的一個山谷中，當時巴楚仁波切已瀕臨圓寂之際，他正獨自住在一個犛牛毛的帳篷內。

　　那些朝聖者很想去拜望巴楚，可是他們又有些猶豫不決，因為巴楚總是迴避突來的訪客。

　　有幾位朝聖者說他們寧可繼續趕路，也不願碰運氣去求見那位著名的隱士。

　　「不用擔心，我們一定會見到他！」堪布塔西肯定地說。

　　當他們懷著崇敬的心情走近帳篷時，巴楚的聲音從裡面清晰地傳了出來。

　　「偉大的堪布塔西來了，還帶著衛地的人前來炫耀。人們為什麼不放過我呀！唉呀！他們會弄死我的呀！」

　　堪布塔西和他的隨從向這位退隱的大師真誠地請求，希望大師能見他一

面。

這時，帳篷裡又傳出了大師焦急的話語：「你們千萬不能進來！你們這些人從來都不聽從我的話！」

「我們怎麼敢忤逆尊貴的上師呢？我們一定會聽您的話！」這幾個朝聖者忙不迭地說道。

巴楚說：「如果聽我的話，你們就到劃嘉寺去，我的上師吉美嘉衛努古的肉身舍利就供在那裡。他是大悲觀世音本尊自身，如果你們供養那神聖的肉身舍利，一生都不會遭遇到任何障礙，還能獲得來世的解脫，終究達到涅槃大寂靜。記住，我親愛的孩子們，在那聖骨前所做的任何祈求都將會如願以償！」

這些朝聖者遵照巴楚的命令，來到了劃嘉寺。他們做了整整三天的祈禱、

朝聖者們依舊擔心巴楚拒絕接見他們，堪布塔西歐澤再次向他們保證說：「不用擔心，這次你們一定會見到他的。」

當他們再次靠近那個神聖的帳篷時，巴楚仁波切在裡面嘆息著說：「這些忙忙碌碌的傢伙會要了我的命！他們怎麼不讓一個老人安靜地待一會兒呢？」

堪布塔西歐澤說：「我們已經按照您的吩咐，在吉美嘉衛努古肉身舍利前祈禱獻供。您說在聖骨前所做的任何祈求都會實現，可是我覺得您說得並不準確。」

「你說什麼？」慍怒的巴楚大聲叫道：「那是不可能的！告訴我，你們到底祈求了什麼？」

「願我們能見到偉大的巴楚仁波切。」聰明的堪布塔西回答說。

經過了一陣緘默後，巴楚又開口說話了。他一改粗暴的口氣，和緩地說：「好吧，好吧，你們的祈求實現了。」

他掀開蓋在帳篷入口的簾子，把眾人請進了屋內，然後立刻開始說法，先提到轉心向法的四種思維，繼續提到皈依、發菩提心和其他的題目。巴楚還對眾人陳述了自己向吉美嘉衛努古的全身舍利致敬時的祈求詞——

在我所有未來世中，
願我不受惡友的影響；
願我不傷眾生一毫毛；
願我不離佛法之光明。
願所有與我有緣者，

都能清淨一切重罪；

願他關閉三惡道門，

投生西方極樂、觀音之佛土。

最終，在座每一個人都成了巴楚的忠實信徒。

阿然巴格西

　　是某位學僧在各大寺院的密宗學院中透過對密宗理論的研習以及實踐修練而獲得的一種格西學位。一般而言，進入密宗學院修習的條件比較嚴格，其學僧必須先經過在聞思學院研讀藏傳佛教五部大論的階段，並在此獲得畢業後才有可能晉升至密宗學院深造；最好是取得上述格西學位中的任何一項後，被選派或推薦到密宗學院研修，最後取得阿然巴格西的學銜。阿然巴格西的學銜也有等級差別，如在拉薩上、下密宗學院中取得的阿然巴格西學位，是至高無上、最為權威的密宗格西的頭銜。

轉愁容為歡顏

如果你不給自己煩惱，別人也永遠不可能給你煩惱。因為你自己的內心，你放不下。

八百年前，有一位沈默的成就者名叫噶當巴格西曩利當巴，整天臉上都是愁雲滿布。他獨自居住在山洞裡，大部分時間都用來閉關祈禱、斷食和哭泣。

每當他看到眾生在輪迴中所受的痛苦，就忍不住悲傷地哭泣。

「那不過是一場夢而已。」他的道友深知佛教教義，提醒他說：「一切轉眼成空，你又何必當真呢？」

他哭著回答說：「如果是這樣的話，那就更加悲慘了，眾生因他們似夢魘的虛幻妄想而備受無止盡的苦，是多麼地可憐啊！」

一次，這個憂鬱的大師顯得比平常更沮喪。他把一塊舊布綁在頭上，好像戴孝一般。

「誰死了？」僧人們好奇地問道。

「有誰能不死呢？」曩利當巴迅速地說，然後又沉浸到他嚴肅的思維之中。

有一天曩利當巴做曼達供來累積福德資糧，常養佈施之心。在他面前的矮木桌上供著成堆的紅花色米，裡面摻著各種寶石。這時，突然跑出一隻小老

鼠，牠來到那堆米中用力推一塊綠松石。那塊石頭對牠來說實在是太大了，不論小老鼠多麼努力，都無法移動那塊石頭。

「小朋友！」老格西喃喃地說：「你推的那塊不是乳酪而是綠松石。對你來說，它既不能吃也賣不掉，何苦在這裡白費力氣？可是我要感謝你，你那無知的努力提醒了我，在這愚昧世界中，世俗的所有掙扎都是徒勞無功的。」

一會兒工夫，老鼠不見了，老格西以為牠放棄了努力，可是他想錯了，那隻執著的小生靈帶來了一隻同樣矮小的共犯。牠們一齊努力，一隻在後面推，另一隻在前面拉，一點一點地將玉石從那堆米中移走了，並消失在桌子底下。

就在此時，格西曩利當巴的臉上第一次明亮地現出了自然的笑容。他祈求說：「願一切眾生都能獲得他們真正需要的東西。」

曼然巴格西

是某位學僧在藏傳佛教各大寺院醫學院長期研習藏醫藥學而獲得的一種格西學位或藏醫學位。由於醫學院所學理論知識極為廣泛深入，而且還要經常進行在野外採藥等實習，故其研習時間相對較長。

巴楚的前生

世界上沒有永遠不被毀謗的人，也沒有永遠被讚嘆的人。當你話多的時候，別人要批評你；當你話少的時候，別人要批評你；當你沉默的時候，別人還是要批評你。

有一次，巴楚去卓千寺附近的下威德洞禪修。看到上洞住著一位從嘎摩絨來的修行者，這個人頭腦簡單，目不識丁，卻同樣努力的在獨自閉關禪修。

巴楚戲謔地對他說：「如果一個人在這種地方修行，遠離所有擾亂，內在的明覺自然會變得清晰，那時就會觀見本尊，得宿命通。請問，您有沒有如此的感受呢？」

「從來都不曾有過！」那位天真的隱士回答道。

接著，他又問巴切說：「您有沒有那樣的感受啊？」

巴楚沉思一下說：「我有時能回憶起我過去的一百世。」

「把您以前的經驗告訴我吧！

相信這會有助於我的禪定修行。」那位隱士迫不及待地請求說。

巴楚語氣和緩地說：「有一世，我是印度的一個妓女，當時村裡住著一個了不起的外道叫克利斯那恰雅。被虔誠所感，我供養他一個純金手鐲。從此我不再生爲愚人，並且有福報成爲一位班智達。」

「很不幸，我沒有金子可以供養您。」那位隱士沮喪地說，看起來他並不那麼笨。

「我只願能達到證悟，而不是學習。」隱士表達了他最終的想法。

巴楚縱聲大笑著說：「我並不是像克利斯那恰雅一樣的賢者，實在是太糟了！」

藏傳佛教與英雄時代

　　吐蕃王朝上自松贊干布始而下至朗達瑪終結的英雄時代，與藏傳佛教史上的前弘期完全吻合。吐蕃王朝是無法被武力征服的，但它卻被佛教和喇嘛所征服。

　　松贊干布迎娶的尺尊公主和文成公主給吐蕃帶來了釋迦牟尼像，引進了佛教信仰，建造了吐蕃最早的寺院——大昭寺和小昭寺。赤德祖贊好佛事，根據他的旨令而開始並完成了大量大藏經的翻譯。赤松德贊先後迎來天竺高僧寂護大師和蓮花生大師，建立了吐蕃第一座有僧人的寺院——桑耶寺。他於791年奉佛教爲國教，佛教從此掌握政治權力，開始干涉吐蕃的朝政。自松贊干布而始的吐蕃英雄時代被藏傳佛教所終結之後，松贊干布卻被尊爲觀世音菩薩的化身而在藏傳佛教的殿堂中佔有一席之地。

找尋芥菜籽

佛陀從不勉強別人去做他不喜歡的事情，佛陀只是告訴眾生，何者是善？何者是惡？善惡還是要自己去選擇，生命還是要自己去掌握。

一天，有一個傷心欲絕的母親來求見佛陀。她的孩子不幸夭折了，屍體還抱在這個可憐女人的懷裡。所有慈悲的比丘都為她祈禱，她要求謁見佛陀本人，希望能創造奇蹟。

慈悲的佛陀接見了她，用雙眼平靜地凝視著嬰兒的屍體。佛陀不可言喻的親切與溫馨立刻感染了她，使這位母親停止了哭泣。

婦人對佛陀說：「偉大的至尊，求求您救救我的兒子吧！他是我們全家的希望和寄託，我們盼了好多年才生下了他，好不容易拉拔這麼大，就抱病身亡了。您無所不知，能超越生死，求您讓他睜開那雙可愛的小眼睛吧！這麼快就把他從我們身邊奪走，實在是太不公平了！」

佛陀並沒有立刻答覆她的請求，他看了看幼童，用手輕輕地觸摸一下他冰冷的眉毛，然後說：「善良的女人，到城裡未曾有親人死亡的家庭裡討一粒芥菜籽回來，如果妳找到了這粒芥菜籽，妳的孩子就有生還的希望。」

婦人萬分感激地向佛陀頂禮並恭敬地觸摸佛的雙腳，佛陀也把手放在她的頭上為她加持。然後，她抱嬰兒的屍體離開了。

整整一天，她挨家挨戶去詢問誰家未曾有親人死亡。然而，當她對每戶人

家訴說她傷心的故事時，才發現每個家庭都有一段傷心的往事。

　　她毫不氣餒地繼續尋找，希望能找到那粒神奇的芥菜籽，以挽回他愛子的生命。

　　日薄西山的時候，她仍然沒有找到那粒救命的芥菜籽，因為死亡是無所不在的。不管有沒有親人死過，大家都很樂意給她芥菜籽。可是婦人卻堅持找不曾失去親人的人家給的芥菜籽。

　　經過一天的奔波，她煩憂的心裡逐漸明白了一個道理。「死亡不就是所有眾生必經之路嗎？」她自忖道：「世間萬物有生必有死，這是一個基本的常識，也是佛法的真理，佛陀不只一次這樣教過我。」於是她對著佛陀住處的方向恭敬地頂禮。

　　月上樹梢的時候，婦人抱著嬰孩回到了佛陀暫時的居留處所，雖然她一粒芥菜籽也沒有找到，但並非空手而回。婦人內心帶著火炬般明亮的了悟回來了。

　　她一步一拜地走向佛陀，將死去的兒子放在法座下。婦人說：「慈悲的正覺者，我現在終於明白了人死是不能復生的。您要我去向那些從不曾有親人死去的家庭討取芥菜籽，這樣的人家我一戶也沒有找到。現在我不再請求您挽救我的兒子，因為真理之光已經喚醒了我。」

　　「把這個可憐的小孩火化，並為他祈禱。您給了我如生命一樣偉大的禮物。我相信您的祈禱一定會使他的心識之流投生到更好的地方，最終得到解脫與開悟。」

　　全知全能的佛陀微笑著應允了。

珍貴的頭髮

　　愛的昇華為慈悲，慈悲的昇華為大慈大悲。有了大慈大悲的心，所有的功德都在裡面。

　　一天，隆那活佛去拜見巴楚仁波切。當隆那活佛在門口頂禮時，巴楚仁波切風趣地說：「是什麼人在那裡頂禮？你有什麼請求嗎？」

　　隆那說：「我的名字叫隆那，特來拜見上師。」「蘆葦！」上師大叫道：「我們生活的時代是多麼的奇怪，連蘆葦都有活佛了！」

　　隆那大笑著反駁道：「『木頭』都能成活佛，『蘆葦』為什麼不能？至少它還是綠色的植物。」這是個很聰明的雙關語，因為巴楚上師的轉世名字叫「劄卓瑪活佛」而「卓瑪」是「砍成小段的枯木」的意思，同時也是東藏的一個地名。

　　巴楚仁波切沒說什麼，顯然很滿意這位機智喇嘛的回答。

　　隆那活佛對大圓滿的修行者抱有無盡的尊崇之情，他恭敬地坐在巴楚的腳邊聆聽教誨。當他們交談時，隆那活佛小心翼翼地在地毯上撿起一些頭髮當作聖物來珍藏。

　　巴楚知道他的客人的意圖，於是向他咆哮道：「你不好好談話，在那裡做什麼？」

　　隆那活佛知道巴楚仁波切不希望別人把他掉落的頭髮當作聖物，於是伶牙俐齒地回答道：「尊敬的上師！我弟子們的牛群被流行的瘟疫侵襲，狼群也常常來攻擊牠們，我想把這些頭髮繫在牠們的頸子上，保護牠們免受危害。」

　　巴楚仁波切並沒有上當，但是最終還是被客人的真誠打動了。他不但讓客人收集他的頭髮，還在自己身上穿的衣服上撕下來一小塊布條送給了隆那，這是無比貴重的恩惠。

　　「這是保護你牲畜的護身符！」他和藹地嘲弄說：「有你這樣不正經的牧人來看管牠們，牠們的確需要護身物啊！」

袈裟

　　式如薄帛之方單，著時，即纏身而露右肩。袈裟通常為紫紅色，活佛的袈裟可以用明黃色。

黑瑜伽士和狗大師

愚癡的人，總是想要別人瞭解他。有智慧的人，卻努力的瞭解自己。

狗大師咕咕睿巴是印度的瑜伽士，有五百條母狗追隨著他，這些狗都是空行母的化身。每當和狗在一起時，他顯得格外興奮。這位相貌醜陋的成就者住在一個荒涼的小島上，該島位於一個有毒的湖中央，譯師瑪爾巴也住在那裡，得到他秘密的教法及精神的傳授。

瑪爾巴對狗大師推崇到了極點，他說：「尊貴的狗大師讓我了悟到，內在的本質都是純淨且不會被污染的。所以說，一個人基本的感官知覺的真象，都要比黃金來得寶貴。萬事萬物都是大手印的化現，是內在真理的光，即使所謂的陰影，也是光的一種。」

在古印度，黑瑜伽士那波秋巴整日赤裸著身體四處流浪，身上只戴著一點簡單的骨飾。他在墓地和天葬場修各種嚴格的密續儀軌，希望超越善惡對立的習慣執著，進而達到圓滿解脫。

有一天，他遇到一位織工，事實上她是一位空行母的化身。織工試探他說：「喂！黑瑜伽士，你從苦行中得到什麼力量了？沒有能力的瑜伽士就如同一棵樹沒有果實一樣！你的修行是否已經開花結果了呢？」

那波秋巴很專注地凝視著一棵大樹，樹葉紛紛掉落下來。「外形上，我的身體已捨棄所有尋常的衣飾；精神上，我的心已去除了所有的執著。」黑瑜伽士自豪地宣稱。

空行母不爲所動，她喊道：「如果你能摧毀，就應該能夠復原。」說著，她丟下紡織工具，指著散落一地的葉子，突然間，所有的葉子都回到了樹枝上。

那波秋巴在她面前恭敬地行禮，然後繼續上路了。

在一個吉祥日子，黑瑜伽士準備豐盛的儀典供養和祭品，準備爲勇父和空行母舉行一場盛大的金剛薈供，當他們從神秘的國土降臨，前來參加這薈供時，一位智慧空行母現身了。她告訴那波秋巴，她們那群開悟者沒有時間來參加他的聖典，因爲她們得去參加狗大師咕咕睿巴所供養的金剛薈供。這令那波秋巴感到十分驚愕。

「那隻狗供養了什麼是我沒有的？」他憤怒地喊道：「如同密續手稿所記載的那樣，我遵從了所有的儀式禮節。」

智慧空行母又現出那位織工的形象，回答說：「裸身的瑜伽士，你做的每件事都是依據書本，甚至你的怪異都是刻意地表現。然而咕咕睿巴已從概念中解脫，他睡在戶外，與母狗爲伍，沒有物質的供養，不吹奏儀式用的樂器，也不模仿經典。因爲他依靠沒有比之更高的內在覺性的俱生智慧，所以我們應當與他爲伍！」說完，就不見了。

　　格魯派（dge-lugs-pa）中的「格魯」一詞漢語意譯為善規，指該派宣導僧人應嚴守戒律。又因該派認為其教理源於噶當派，故稱新噶當派。格魯派的佛教理論繼承阿底夏所傳的龍樹的中觀應成派思想，主張緣起性空。因僧人著戴色僧黃帽，俗稱「黃教」，明朝封首領為「大慈法王」，以達賴喇嘛（「德智如海無所不納之上師」的意思，清朝正式冊封，現已傳承十四世）和班禪額爾德尼（「大學者之英傑」的意思，清朝冊封，已傳承十一世）為首領。該派著名寺院有西藏的甘布寺、哲蚌寺、沙拉寺、紮什倫布寺，青海的塔爾寺，甘肅的拉蔔愣寺。

轉化

修行是「逆勢」的，逆著世間一般的觀念和習俗，逆著自己累世以來的積習。而眾生都是順勢而行，順著累世的習性，順著共業環境的運轉。一個運轉已久的大輪盤，要它停下來，絕非易事。要它朝著反方向運行，更是困難重重。

有一位住在祖普附近的尼泊爾婆羅門，他美麗的妻子經常失蹤，因此他懷疑她有外遇。

有一次，正當她要離去時，丈夫要和他一起同行，讓他不悅的是，妻子拒絕他的要求。當妻子要走時，他堅持要跟著去。

妻子笑著同意了。「不論發生什麼事情，都不要吃驚，」女子說，「相信我，正如你相信自己一樣。」這位多疑的丈夫除了同意之外又能做什麼？

這美麗的婦人是位空行母化身，彷彿去赴宴一般裝扮妥當，對著他的丈夫說：「我們走吧，攀到我背上。」然後她飛上了天空，背上的丈夫簡直不敢相信自己的眼睛。

他們來到一個莊嚴的地方，那裡每一種東西似乎都是用朱砂做成的，這就是傳聞中的烏金康珠林的空行母淨土。這對夫妻在此著地。無數適婚年齡的婦女，赤裸著身體，露出紅色的皮膚，並佩戴著亮麗的珠寶和骨飾。她們走進一座富麗堂皇的宮殿裡，寶座上坐著一位尊貴的女子，顯然是她們的首領。那便

是開悟的空行母之後，金剛瑜伽女！

這裡將要舉行一場金剛薈供的儀式。婆羅門徒的妻子叮囑丈夫坐在一個角落裡。

金剛瑜伽女呼喚他的妻子過去說：「今天輪到妳來主持薈供。」他的妻子立刻消失了。當她再出現時，手裡捧著一個剛過世的痲瘋病人的頭蓋骨。

「這是今天的薈供，」她莊嚴地說道：「大家都來享用吧！」接著舉行了密續儀式。

那經過轉化的物品被輪流傳遞著，狂喜的空行母紛紛從加持過的顱蓋裡舀一點痲瘋病人的腦漿來飲用，做爲加持。婆羅門徒感到一種無法形容的噁心。一個正常的尼泊爾人誰也不願意去觸摸死屍，更不用說飲用腦漿了。

他拒絕了金剛瑜伽女本尊親手遞給他的腦漿。她笑著堅持說：「服下吧！這對你有好處。」他仍然拒絕。

金剛瑜伽女在他手放了一些東西，告訴他說：「把它握在手中。回到家後才可以看。如果你接受了我的薈供品，就可以永遠留在烏金康珠林。但是，你現在必須離開，回到人間。今天，你已經種下利於他人的種子，你應該感到歡喜才是。」然後，空行母將她飾滿珠寶的手一揮示意他離去。

他伏在妻子的背上，回到了家中。他很小心地問妻子：「我可以看了嗎？」妻子應允了。

婆羅門徒張開手，看見手裡有七顆穀粒。他的妻子說：「我可憐的丈夫！

如果你飲下那滴加持過的腦漿，就可以永遠留在那裡。可是你遲疑不定，必須再投生一次。七顆穀粒象徵著你七天之後就會死去。你會立刻投生到空行母的淨土，獲得開悟。這就是我給你的禮物。」

妙音天女

　　藏語為「央尖瑪」，或譯為妙音佛母，被藏族奉為賜予智慧的女神。據傳說，遠古時南海被微風吹拂，海中的水草、魚、蝦都發出悦耳動聽的樂音，大梵天王諦聽多年，十分歡愉而心醉，後來這美妙的眾多聲音合成一體，化為仙女是為妙音天女。妙音天女在塑像中作彈奏琵琶狀。

找新娘

　　把一切眾生都看成善知識，能引導我們走向光明的坦途，把自己所接觸的人、事、物，皆視為我找的好老師，則能時時觀照自己，不使其自大、自負、自誇、自傲，自命不凡的自以為是，就能遠離我慢之過患，方可免墮生死輪迴無窮之苦楚。

　　許多寧瑪派的預言家，都在他們的上師或本尊那裡，知道了該去何處找尋他們命中註定的配偶。一位智慧的伴侶，在密續修行裡是可以幫助她的丈夫延長生命，實現利他願望和獲得了悟。那些真正空行母的化身，都有能力促進秘密的開顯及增加證悟之潛力。

　　在金剛乘的傳承裡，女性被認為是空性智慧的化身；男性則象徵著慈悲和具善巧方便之力。

　　從前，有一個大喇嘛，他從獨眼獨乳的密乘女護法耶喀乍帝那裡得到了授記。如果他在附近的河谷中找到一位婦女做法侶，將會發現一處大圓滿法教的隱藏地，還會利益後代子孫。

　　大喇嘛派三個弟子去尋找那個婦女，他本人則徹夜不眠地在佛堂上修法禪坐。

　　一個星期後，三個喇嘛空手而回。

上師問：「找到那個婦人了嗎？」

弟子們回答說：「我們沒有找到如你描述的那個人，只有一位骯髒的砍柴者，瞎了一隻眼，身上滿掛了藤蔓，裙子破爛不堪，背上背著成捆的木柴，傴僂著腰，手裡拿著一把生銹的舊鐮刀。她簡直是太恐怖了，甚至讓人無法接近她。除此之外，沒有發現任何人。」

「那就是她！」上師大叫：「外表像怪物的那個女人就是無與倫比大圓滿護法耶喀乍帝化身，立刻帶她來見我！」

弟子們匆匆忙忙地趕了回去。最後，他們帶來了那個骯髒的樵婦。他們的上師恭敬、快樂地迎接她，在上師看她第一眼時，立刻知道那是一位真正的空行母。

上師欣喜地接受她為自己的法侶。從此，他的事業變得更為飛黃騰達。

那個令人敬畏的女士引領他的家族和隨從，鼓舞每一個敢接近她的人。喇嘛成為一位偉大的法師，他無數的法脈廣大地傳佈著，他成為一個有名的精神寶藏的發現者。

救渡佛母

藏語為「卓瑪」，簡稱渡母，佛教為救度眾生脫離輪迴災難而立的一本尊佛母。傳說為觀音化身，在藏民女性中依此命名者頗多。渡母依身色不同有白渡母（藏語稱「卓噶爾」）和綠渡母（藏語稱「卓薑」），依姿態和職能不同，又分為二十一渡母。

了悟空性

　　人間的一切事物、財富、名位、愛恨、情仇，無一不是如露如雷，剎那幻滅。唯有不再執著，放下萬緣，遠離虛妄，才能生活在自立、自主、自由、自在的美好意境中。

　　宗喀巴大師在雅珍寺修行時，經常伴隨在身邊的弟子就有三十多人。

　　一天，師徒一同前往贊日山，朝拜聖跡，親眼見到了勝樂輪和一切護法等聖相，證得無量甚深法義。回去的路上，途經摩羅山時，又看見彌勒菩薩示現高大身形。他告訴大師說：「善男子，你的功德如同諸佛示現在世間一樣，將是無量眾生的大依怙，你應當努力啊！」

　　大師回到聶地東部，住在僧格宗，專修時輪金剛圓滿次第及其六種支分等法。沒過多久，就獲得廣大觀察智慧，對於許多甚深微細的疑惑，都有決定性的見解。他對時輪金剛一切密法，也明瞭無遺，無所紊亂。此外，還獲得獅子般的無畏辯才。

　　從此以後，時輪金剛即屢為現身，並稱讚大師說：「你修時輪金剛所證的功德，極為難得，就像月賢大王再來一樣。」這段期間，妙音天女也為大師授記說：「你只能活到五十七歲，應該及時做些對己、對人都有實際利益的事業。」

　　大師對她說：「如果修尊勝佛母等法的儀軌，不就可以延長壽命了嗎？」

天女回答道：「一般人是可以的。由於您過去的願力和喜樂觀慧力的緣故，修這些密法只能增長你的智慧，對延長壽命並沒有實質性的幫助。」文殊師利菩薩則勸大師說：「不管怎樣，你還是要專修對治留難的密法，雖然極為艱苦，但對你有幫助。」後來，大師遵照菩薩的囑咐，專修對治壽難的密法，果然有了破除壽難的徵兆。大師住僧格宗時，又向文殊師利菩薩請教有關道的體相、次第、數量等甚深問題。菩薩說：「對於這些問題，你只要用心詳閱經論好好地思維，不久就能夠完全通達。」

1398年，大師從聶地來到阿喀，住在阿得公結山的拉頂寺。在這一年中，大師兼行自修、利他兩種事業。由於大師念及從出離到現在，對於中觀之要義以及月稱論師和清辨論師兩家見解的異同，雖數次思擇，仍不明白，無法獲得究竟的決定。因此他決定繼續遵照本尊所教，積極三事並修：對本尊殷勤祈願，修本尊法；淨除罪障，積集資糧；詳細觀察經論，勇猛精進。

在一天夜裡，大師夢到龍樹、提婆、佛護、月稱和清辨等大論師，在辯論「自性是有是無」等義理甚深的問題。其中佛護論師身形顯得特別高大，全身紺青色，手拿梵文《中論釋》，放在大師的頭頂上加持。第二天，大師詳閱佛護論師著的《中論釋》，很自然地了悟龍樹父子之正見樞要，和所破的界限，因而遣除一切相執所緣，拔除一切增減妄計，於真實義獲得究竟。同時，大師又明白月稱應成派，是如何善巧成立勝義諦和世俗諦。並了悟一切法是由於緣起，所以是性空；由於是性空無自性，所以形成了微妙的緣起。亦即是以緣起妙有破有邊的常見，以自性本空破無邊的斷見。並不是離開緣起因果，而有空性可得。《心經》上說：「色不異空，空不異色，色即是空，空即是色。」就是這個道理。大師在妄境消滅，實執遣除之後，就常住於空三摩地，通達諸

法如幻。因此，他對世尊油然生起不可動搖之信心，認為世尊是一位無上大師。於是做了一篇《緣起贊》，稱讚世尊所說的甚深緣起法，是世間最稀有、最究竟之真理。

三世佛

藏語稱「兌松桑傑」，指過去、現在、未來三世之佛。過去佛指迦葉等過去六佛，塑像中通常以迦葉佛（燃燈佛）為代表，現在佛指釋迦牟尼佛，未來佛指彌勒佛。藏傳佛教寺院通常都建有三世佛殿，藏語稱兌松桑傑拉康。條件好的寺院還單獨建有十分高大的彌勒佛殿。綠渡母（藏語稱「卓薑」），依姿態和職能不同，又分為二十一渡母。

渡母森林

當憐憫轉為慈悲，當世情轉為智慧，當一顆心與佛法澄然相映時，這蜉蝣過客般的人生，這感恩回饋的人生，才有了意義。

渡母是女性證悟者的象徵，她是西藏的保護神，以她迅捷感應的慈悲心深受人們的尊敬。

很久以前，有位名叫智能月的精進的女菩薩，發誓要生生世世投胎為女性，直到所有眾生都脫離了苦海。當時許多和尚都勸她多祈禱將來好投胎為男

性，她對這些和尚們的偏見進行了反駁。她說：「萬物都是一體的，一切皆空，為什麼還有執著地分出男人與女人呢？」她在修證的道路上，歷經多劫，終於開悟，成為一位救渡者。

渡母以「她能夠免除眾生的八大恐懼與危險」而聞名。曾經有一位商人在外套裡放了一尊渡母塑像，在旅途中，免於被犛牛的角抵傷。還有一次，一尊小小的渡母像放在一位僧人的上衣口袋中，使他免於被一顆獵槍

子彈穿透心臟，而倖免於難。

在摩突拉附近的森林裡住著一個妖魔，憑藉著魔力，它幻化出種種形相來擾亂、誘惑附近五百個比丘和比丘尼的禪修。有些人被妖魔化現的天女相迷惑，也有一些人被地獄妖魔相逼瘋。在禪修的過程中，大部分人常常會毫無理由地高歌狂舞，如此一來，邪惡日益盛行而道德逐漸淪喪。

一位還保持著清醒的年老的比丘憶起了上師曾經傳給他有關聖救渡母廣大靈驗的一些忠告。於是，他就向這個苦難的保護者祈求。在如夢般的正觀中，渡母示現了她神聖的形相，並指點他如何戰勝那個邪惡的妖魔。

老比丘把代表渡母法相的二十一個形相掛在樹上，佈滿整個喧囂混亂的森林。從此以後，每當邪魔變化出各種類形的精靈鬼怪時，比丘與比丘尼很自然地就會將那些形相看成是渡母的各種法相。因此，他們得以免去恐懼和傷害。

毋庸置疑地，他們對渡母的信心與虔誠更是增長。中世紀那首美好的「二十一渡母贊」就這樣傳遍了整個藏區，受到很多人的喜愛。一直到今天仍被藏區所有的寺院和尼庵持誦著。

密宗最早也是在印度興起，據傳在唐太宗時期，密宗的蓮花生大師入藏傳授密宗教法，從此有了「藏密」一詞。

老婦人的忠告

活一天，就有一天的福氣，就該珍惜。當我哭泣我沒有鞋子穿的時候，我發現有人卻沒有腳。

吉天宋恭是一位博學且開悟的班智達，被人尊稱為「龍樹第二」。他在西元十二世紀建立了止貢噶舉傳承的分支。

一次，吉天宋恭在東藏滇地的家中時，一位鄰居過世了，悲痛的寡婦來見他，尋求慰藉。

踏進上師的房門，這個悲啼的婦人首先碰到了上師年邁的母親，老婦人對她悲痛太久的鄰居說：「我很難過妳失去了丈夫，我的姐妹，但這是所有眾生必走之路，不要太傷心，不如好好觀修死亡與無常的無可避免性，那麼快樂將會在妳眼前的不幸中升起。」

然而，這位寡婦仍不停地哭泣並扯著頭髮。老婦人接著說：「妳聽我說，總想著妳丈夫的死是沒有用的，不要一直想這件事。現在，妳不妨盡情地哭，但請記住，這個經驗很快就會過去，正如其他的事情一樣。如果妳不停地想，妳將會繼續受折磨。我活這麼老了，我的建議是不要將每一件事都掛在心上！」

寡婦哭過之後，立刻舒緩悲痛之情，她忘了要見吉天宋恭一事，就回家去了。她按照傳統方式守喪，卻不過度哀傷與絕望。依照鄰居在她最悲痛時所建

議的方式思維，她在德行上大大增長，而且在精神修行上也進步非凡。

幾個月後，吉天宋恭在衛地開講一系列大手印的甚深教法。他唱道：

我是自在的瑜伽士，

已能體驗佛陀、上師與我自己的心性一體無別，

我是何等快樂！

有著無需造作的虔誠。

《喜金剛瑜伽密續》上說：

輪迴與涅槃、善與惡，

皆非真實、具體的存在；

凡事都是相對的，

瞭解輪迴的真實本質，

就是證得涅槃。

第二天，吉天宋恭很快樂地敘述他年老母親的調解一事，並且說在他的想法裡，就是所有的大手印教法也比不上他母親那一番忠言的卓越——即認清萬事無常與非真本質，別把每一件事都執記在心。

磕長頭

在通往拉薩的各條朝聖道路上，信徒們一邊唸誦著六字真言，一邊雙手合十舉過頭頂，向前行一步，雙手移至胸前時行第二步，雙手自胸前攤開邁第三步時，掌心朝下撐地，繼而全身俯地，額頭輕輕的叩著，口中依然唸誦著「唵嘛呢叭咪吽」，如此反覆不斷。

洞察秋毫的悲心

一切苦的主要原因，源於自我珍愛的心，它的解藥就是珍愛別人。

有一年，巴楚仁波切決定做十萬次大禮拜來供養他的上師敏珠南開多傑，這位卓千寺偉大的上師，卻是位讓人完全無法捉摸的師父。

當巴楚對上師做禮拜時，他偉大的上師就站起來回拜巴楚。每次只要巴楚向上師禮拜時，都是如此。最後巴楚躲在寺內，在南開多傑的法座後面不爲人見之處，小心謹愼地向他的上師行大禮拜。

南開多傑同時也以無礙的洞察力而聞名。有一次，巴楚仁波切在離開他的上師時顯出似乎在尋找某件東西的樣子。當他在房間門檻邊穿上鞋子時，南開多傑說：「你是不是丟了鞋帶？它就在河邊的草原上。」這弟子果眞在上師所說的地方找到了他正在尋找的東西。

又有一次，小偷闖入卓千寺，並偷走了巍峨佛像頸上的珠寶。每個人都很困惑，因爲寺院門是鎖著的，而且珠寶高掛在佛像上，根本拿不到。

南開多傑獲悉珠寶失竊，很平靜地說：「我知道這個小偷。他從一樓進來，沿著寺廟內的欄杆走，探身出去用長竿勾走佛像頸上的珠寶。」

喇嘛們去搜查，找到小偷行蹤的痕跡及丟在欄杆上的長竿。然而南開多傑拒絕透露小偷的身分，因爲如果小偷被逮到，就會受到嚴厲的處罰。

　　「他需要我們的祈禱，而不是我們的懲罰。」這位慈悲的老喇嘛說：「願佛的珠寶帶給他永久滿足的寶藏與內心的寧靜。」

　　　藏傳佛教最重師承，祖師部諸尊往往被列於造像諸部之榜首。祖師像又按般若部、秘密部、菩提道三個部分依次列出供奉。寺廟中最多的是寧瑪派祖師蓮花生和格魯派祖師宗喀巴，他們都是信徒心中的偶像和情感寄託。

老狗

「空」並不是否認萬物的存在性，而是透視它的不永恆性。

劄巴楚仁波切以談吐直率著稱，十分鄙視繁文縟節、偽善矯飾。巴楚仁波切是吉美寧巴的法嗣吉美嘉衛努古的大弟子。巴楚也拜在悟者瘋瑜伽士多欽哲依喜多傑門下，跟他私習教法。在這些大師的調教下，巴楚成為一切大圓滿心要傳承殊勝密傳教法的法嗣。

多欽哲依喜多傑住在荒野中，帶著一支獵槍，不斷用來喚醒別人。他深富機智，第一世的欽哲大師蔣揚欽哲汪波稱他是至友。當多欽哲圓寂時，具超能力的第一世欽哲大師感覺出遠方發生的事。他恭敬地說：「現在那個老流浪漢已經融入我的身了。」

嘉衛努古已經為巴楚仁波切開啓了自心佛性。

有一天，多欽哲用刺激的言語向他搭話，藉此教導實相。

「喂！佛法的英雄，為何對我客氣地保持距離？如果有膽量，就來比一比，來啊！」

當巴楚靠近時，多欽哲冷不防地揪住他的辮子，將他摔倒在地，弄了一身灰。

巴楚聞到上師的滿身酒氣，便認為上師是喝醉了，因此，決定不跟他計較

這些粗魯的舉動。多欽哲讀出了他的心念，便大聲痛罵他。

「你這個臭知識分子！」他大叫：「你怎能讓如此鄙俗的念頭進到你那個小小的心？一切都是清淨圓滿的！你這條老狗！」

他揍了巴楚一拳，然後鄙視地踹了他一腳。

霎時，一切對巴楚來說，都變得像水晶一樣清楚了。

他的內心與非二元對立的佛性（內在明覺的無限光明）當下合一，同時，頭頂太陽在一片湛藍的天空中照耀著。

巴楚體驗到一種無以言喻的寧靜。他本能地坐下，就定於他暴躁的上師為他開啟究竟自性的那點上。

後來，巴楚仁波切說：「謝謝多欽哲無與倫比的慈悲，現在我大圓滿的名字就叫做老狗。我無任何需求，只想到處自由流浪。」

普賢王如來、五方佛、釋迦牟尼佛三者一位一體，並非有別於他體，他們僅是觀待不同有情而分別做的安立。普賢王如來乃心的實相本體，是法身佛，他並無報身、化身那樣的剎土，是五方佛面前所顯現的境界，並非凡夫六根識的所緣，冠以「普賢王如來」的名號，只是在我們分別心面前進行表示而已。五方佛是登地菩薩的境界，是報身佛。而釋迦牟尼佛住持不清淨剎土，顯現於凡夫面前，是化身佛。普賢王如來是無上密法的來源，對於他的本體，雖以言語無法詮釋，但並不等於虛無，他是甚深離戲、超離言思的真實存在。

銀子有毒

若以菩薩心來看眾生，你本身就是菩薩。若以煩惱心來看眾生，你本身就是眾生。

有一次，巴楚在一個山谷停留，那裡的人們對他十分恭敬。有一天，岩藏大師秋吉林巴的兒子側旺諾布和幾位博學的堪布到他單獨閉關處來領受教法。所有的人圍繞著巴楚坐在一片開滿野花的草原上。

山谷中有個老人，他熱切地希望能供養巴楚一塊銀子，但是他知道巴楚很少接受供養。

老人騎著馬來到這裡，對巴楚畢恭畢敬地三頂禮後將銀塊放置在巴楚腳邊，他請求道：「親愛的上師，這是供養您的銀子，請保佑我免於投生地獄道。」說完，就躍上馬背，疾馳而去，他知道如果留在那裡，巴楚就會退回他的供養。

側旺諾布心想：「巴楚可能會把這分供養用在善事上。」可是，巴楚始終不曾拾起那塊銀子。巴楚結束教學後，站起身來就離開了。弟子們也一個個回到自己的家中和寺廟，銀塊仍然留在那裡，如滿月般躺在草地上。

側旺諾布有些疑惑：「如果用它來做善事，不是比丟棄在那裡要好一些嗎？」

當他離開時，一再回頭看，銀塊仍在那兒，在如茵的草原上閃著小小的

光。

下山途中，這個問題一直停留在他的腦海裡，一股強烈的厭世感與真正的出離心在他心中油然升起。

側旺諾布心想：「我的尊貴上師和上師周圍的人，他們都已經完全捨棄對浮生的虛幻執著，我想昔時佛陀的生活與自在的阿羅漢們必定也是如此。」

接著他回憶起了一個故事——

「一天，佛陀和弟子阿難、迦葉等人正在行走時，他們看到一大塊金子遺失在地上。當他們一個個經過金子時，都大聲地叫道：『有毒啊！』

　　有個小女孩在附近拾柴聽到了他們的喊聲，在他們離開後，她發現了金塊，但不知道那究竟是什麼東西，她想：『真奇怪，這明明是一塊漂亮、閃光的黃色石頭，為什麼所有尊貴的阿羅漢都閃到一旁，避免碰到它呢？他們認為這個可愛的石頭有毒，一定是不能碰觸的東西。』

　　小女孩跑回家告訴母親說：『今天我看見一塊有毒石頭。』接著，她開始敘述所發生的一切。她母親立刻跑去探個究竟，她發現了那金塊，拿到家裡用來做宗教上的供養。」

　　上師巴楚仁波切是如此自然地遵循聖人的風範，側旺諾布目睹此事大受感動。

　　藏傳佛教大量的佛像屬於密宗，稱做「本尊」，譬如：五方佛、密宗五本尊、無量壽佛、金剛佛等。密宗佛本尊像雖然很多，但可以分為佛的真實身和忿怒身兩類。忿怒身是佛在降魔除障時顯現的「法身」。

多看看自己

別說別人可憐，自己更可憐，自己修行又如何？自己又懂得人生多少？

有一次，佛陀在烏魯瑞拉附近濃密的森林裡禪坐，被一群村民無意中碰到了。這群人裡有三十對夫婦，加上一位有錢的單身漢。

在前一夜，當那個有錢的單身青年睡覺時，他寵愛的妓女發現了他藏在床底下的錢，於是攜款潛逃了。當年輕人發現錢被偷後，他的朋友與鄰居全都出動幫忙追捕，因此在樹林裡撞見了偉大的覺者。

他們敘述了這件不幸的故事後，佛陀問他們：「與其毫無目的地在這危險的樹林裡找尋一個女人和遺失的金錢，何不好好地尋覓你們真實的自我？」

佛陀寧靜、安詳的容光以及簡單的譬喻，震撼了這些青年夫婦們，他們忘記了原先追趕小偷的事情，都成為佛陀的追隨者。那位年輕的單身漢後來出家，並證得果位。

蘊界處等一切諸法的基，即是現空雙運。比如我們人類見一碗水，餓鬼見為膿，地獄眾生見為鐵水，天人見為甘露……六道眾生雖各有不同所見，但它有一個共同的現分——光明。實際上，這個現分的本體仍為空性，這就是所謂的「現空雙運」。在聖者的根本慧定面前，離戲大空性現前的同時，這個光明也是不離開的。

最好的供養

學佛是對自己的良心交待，不是做給別人看的。

格西班曾經在一山洞內閉關。歷代的隱居瑜伽士在此放置一扇粗糙的木門，一座石製的壇城以及一個壁爐，然而，這山洞仍然保持得十分簡樸，正適合出家人獨自修行。

經過很長一段時間與外界完全隔離之後，格西班接到訊息，他的功德主第二天將來到這裡，他們會帶些補給品來做供養並將領受他的加持。格西班開始清掃，拂去灰塵，把洞內每樣東西都擦拭得發亮，並在壇城上擺設著美麗的供品，準備迎接他的訪客。然後他後退，很滿意地審視他的一切。

「唉呀！」格西班突然警覺地叫起來，環顧自己所做的事物。「是什麼邪惡的力量跑進這虛偽者的領域？」他伸手到一黑暗的角落，抓起一大把塵土灑在乾淨無瑕的壇城上。

「就讓他們看看這山洞和住在這兒的隱士原來的面貌吧！」他大叫道：「寧可不供養，也比只注重外在的供養要好得多。」

剎那間，格西班領悟到他在那刷洗乾淨的小屋中精心佈置的一切，並非為了供養開悟的佛陀，乃是出於他自己的私心，只是為了取悅功德主而做的。

「讓他們現在就來參觀吧！」他滿意地想。

　　許多年後，當帕當巴桑傑聽格利的佛從印度入藏，聽到這個故事時，他宣稱：「那一把塵土是西藏有史來最好的供養。」

燃燈佛

　　即迦葉佛，藏語稱「瑪爾美宰」，為佛教所謂三世佛中之過去佛。在過去佛中為第六佛。據傳此佛出生時身邊一切光明如燈，故名。傳說是釋迦牟尼前世之師，其塑像往往騎一獅子。

最佳的精神修持

修習佛法要先學著放下俗世的種種執著，才能了悟生命的真理，而一個完全覺悟的人，是在放下、了悟之後，還能承擔宣揚真理的重責，繼續行走人間。

曾經有一位僧侶在帕欽寺繞行，一位有名的老上師格西天帕碰見了他，就對他說：「在聖地繞行是很好，但是修習至高無上的佛法更重要。」這位僧人謙恭地聽從老上師的建議，開始學習、背誦佛教經典。

有一天，當他正在認真修習時，格西天帕看到了，這位年老的住持告訴他：「學習經論和持守戒律是值得的，但修行正法遠勝於此。」

　　經過慎重的思考，那位僧人覺得精進禪修對他應該是最好的，便開始熱誠地修行禪定。無可避免地，格西天帕看到他專心一意地在一個角落打坐。「修定是好的，」博學多聞的住持評論著：「但是真實佛法的修行更勝一籌。」

　　此時，那位僧人全然困惑了，沒有一樣法門他沒試過，但尊貴的上師依然不贊同他的努力。「最尊貴的上師，我應該怎麼做呢？」他懇求道。

　　「只要放下對此生的所有執著。」格西天帕回答，然後靜肅地繼續往前走。

　　十一面觀音，大悲觀音化身像之一。通常造型為前方三面為靜相，右方三面為半靜半猛相，左方三面為猛相，後一面為笑相，頂上有無量光佛（阿彌陀）相，共為十一個頭面。

端坐旗竿上

虛言和妄語，就如同我們躲在圍牆後面生活，這是使生命墮落及虛假和不自在的原因。

竹巴昆烈是竹巴噶舉傳承中一位不合常理的瑜伽士，這位神聖狂人，以一個對於欺騙與偽善絕不妥協、絕不遮掩的形象，活在人們感性的記憶裡，對於寺廟中的種種，他更是毫不放過。他也是位眾人崇敬的成就者兼詩人。

有一次，竹巴昆烈無事可做，走進一個寺院的大集會中。那是個吉祥的場合，僧眾們都聚集在寺廟中庭唸誦《金剛經》，這是一部闡釋空性的究竟智慧的經典。

雖然竹巴昆烈看起來像個流浪漢，但開心的舉止與真實心靈的儀容使他與眾不同。直到今日，許多人都在尋找竹巴昆烈所具有的崇高的內在寧靜與成就。

在持誦大乘智慧經典的莊嚴、宏亮聲中，竹巴昆烈攀上庭院中央的旗杆，大家都看到了。然後，他端坐在旗杆上，揮動雙臂，像烏鴉般地叫著，一如往昔，製造出一場不小的騷動。接著，他開始模仿僧

人唸經。

那些尊貴的喇嘛們大怒，一致以傳統的方式祈求能鎮壓這場騷動。「願以此經的力量，讓這個惡作劇的乞丐下來。」他們抑揚頓挫地吟唱。竹巴似乎也很聽話地開始戲劇性地往下爬。

僧家們繼續唱誦：「願以我們專注唸誦這部經書的力量，讓這蓄意不良的乞丐下來。」立刻，那位壓抑不住的神聖狂人再度爬到旗杆上。

「鸚鵡是無法專注的，鸚鵡學語是無法瞭解真義的。」瘋狂瑜伽士格格地笑著。

怙主

藏語稱「貢保」，含意有二：一為保護者，佛書譯作怙主，如眾生怙主、怙主觀世音；二為一類護法神，如六臂護法、四臂護法。藏傳佛教密宗中還有五種護法神，藏語叫「貢保柔阿」，即身怙主（古依貢保）、語怙主（桑格貢保）、意怙主（吐及貢保）、德怙主（雲丹貢保）、業怙主（成烈及貢保）。藏傳佛教各寺院皆有依怙殿，名叫貢康，內供本寺怙主和護法神像。

往生淨土

「無我」是擺脫各種束縛的唯一途徑。人只要真正做到忘掉自己、忘掉一切，就能達到逍遙自在的境界。也只有「無我」的人，才是精神造詣最高境界的人。

從前，有一個目不識丁的老木匠，妻子很早就已經過世了，他孤獨地和孝順的女兒相依為命。

一天，他的女兒遇見了一群旅行的喇嘛。為首喇嘛的開示激發了她死後往生西方極樂世界的心願。從那天起，她從未停止祈求，每天不停地持誦阿彌陀佛，無量光佛的心咒。可是，她年邁的父親只是繼續著自己一成不變的工作方式，很少注意她的虔誠，也絲毫沒有發現到女兒最近所尋覓到的滿足和心靈的平靜。

後來，老木匠臥病在床，再也無法工作了。

女孩對父親說：「親愛的父親，您要發願往生西方極樂淨土，那兒沒有痛苦和煩惱，在死亡之神召喚您離開這世界時，您就可以到達那永遠的喜悅和寧靜之處。這是我為您的祈禱！」但是她至誠的懇求根本沒有打動自己的父親。她自忖道：「阿彌陀佛發願要接引任何一位發願的眾生。我確信死後將能往生淨土，但我將如何幫助父親，將他的思想繫念在那裡呢？」在經過一番沉思和向阿彌陀佛祈求後，她想出一個計謀。

她告訴父親說：「爸爸，有個叫阿彌陀佛的大喇嘛住在太陽下山的那一邊。他請您為他設計一座壯麗的宮殿，並親自去監工，您能答應他的請求嗎？」

老人驕傲地回答道：「女兒啊，妳是知道的，老爸從來都不曾推卸過任何一項建築工程，不論它的規模如何？我當然會設計這項工程然後去監督完工。那位喇嘛叫什麼名字啊？」

女兒非常高興，知道從那刻起，這個頑固的老父親只會一心想著阿彌陀佛的宮殿。她告訴他專注心念於阿彌陀佛和他極樂世界的宮殿所需要的事情，因為如此他才一定能到達那個樂土。事實果真如此，正如所有佛經上曾說：「如人意念，定能成就。」

後來，這個虔誠的善女人跟她所愛的父親都來到了太陽西下那一方的極樂國土。

紅、黑二護法神

　　紅色護法神即乃瓊寺護法神，這是格魯派（黃教）特有的護法神。該神有多種名稱，如：乃瓊響寺大法王、頗拉那木帖嘎布、白哈爾王、多吉昌丹等。中國解放前格魯派握有西藏地方的政教大權，所以原西藏地方政府遇到大事難以決斷時，都要請求該護法神給予預示。此護法神供於拉薩市西郊的乃瓊寺內，所以平時被稱為「乃瓊護法」。原西藏地方政府舉行重大儀式時，由騎士舉著一個紅色牛毛法幢，做為該神的依止物，故亦被稱為紅色護法神。

吟唱瑜伽士的飛升

能付出愛心就是福，因為有慈悲就沒有敵人。能消除躁心就是慧，因為有智慧就沒煩惱。

一天，吟唱瑜伽士夏卡仁波切由兩位弟子伴隨，牽著一匹滿載糧食的馬走過山道。他們在山隘遇到一個醜老太婆躺在路上，無法移動。

夏卡出於悲憫，試著幫她站起來，但她卻動彈不得。老太婆用嘶啞的聲音乞求食物和水。

夏卡立刻給她足夠食用許多天的茶、乳酪和炒青稞粉。接著她又要求衣服，夏卡也很迅速地滿足了她的願望。

那位乾癟的醜老太婆瞧著他的馱馬說：「你可以走，不像我。仁慈的先生，把你的馬一起給我吧，那將令你更加值得敬佩。」弟子們不知如何是好，但夏卡毫不遲疑地開始將貨物卸下，好讓她騎上馬。

「和我們一起走吧，老祖母，」他說：「我會照顧您。」

這時，那個衣衫襤褸的乞丐似乎復甦了，她突然充滿精力，大聲地說：「親愛的夏卡，據說你是最慈悲的喇嘛，現在我親自

證明了。我不需要你的馬來旅行，也不需要你給的任何東西。你不認得我是誰嗎？」

夏卡搖了搖頭。老太婆繼續說：「如果你不知道，只要看一下！聽一下！我是金剛瓦拉喜，大樂之後。我將賜你精神成就，並永遠眷顧你！」

轉瞬間，她變成光亮的金剛瓦拉喜本尊相，全身火紅發亮，在她忿怒獰笑的主要頭上有一較小而咕嚕作響的黑牡豬頭。赤裸的身上僅裝飾著骨飾、珠寶以及新割下的頭骨串成的骨環，高舉的一隻手上揮舞著一把銳利彎刀，另一隻手則持著一個鮮血滿溢的顱器，從裡面綻放出彩虹光，她的左臂挾著三叉戟，盡情地舞蹈歡躍。

金剛瓦拉喜把一個五彩藥袋交給夏卡，裡面裝有各種聖物、甘露藥粉和成就藥丸。她突然自世界屋脊喜馬拉雅山飛升入蔚藍的天空。這時，夏卡將藥袋塞入他袍子的褶層，在兩個弟子一臉驚愕的注視下，毫不費力地跟著飛走了。

堪布

堪布，又名師傅、大師、親教師等，梵文音譯為「鄔波馱那」。擔任這一僧職的高僧是藏傳佛教各個寺院或大型寺院中各個紥倉（學院）的權威主持人，相當於漢傳佛教寺院中的方丈。由於擔任堪布這一僧職應具備淵博的佛學知識，因而必須是寺院或紥倉中最有學問的德高望重的高僧，故在藏傳佛教寺院中擔任堪布這一僧職的僧人大都是獲得格西學位的高僧大德。

超越法規

真正的歡喜，是從服務眾生身上求得；真正的歡喜，是從真理中發覺自己內心的寶藏。

堪布岡夏是秋揚創巴仁波切的根本上師之一。他來自一個密續瑜伽的家庭，從小就是一位精神充沛又很淘氣的小男孩。幼年時他就被送到康地舅父的寺廟裡去學習自律，但是連這位慣於教導農人子弟的尊貴堪布也無法調伏這個不凡的兒童。

有一年冬天，幾隻鳥棲息在一小片未被雪覆蓋的土地上，啄著撒在那裡做供養的種子。這個五歲大的小男孩撿起一塊大而平滑的石頭，扔向那些正在啄食的鳥。

「你為什麼殺那些可憐無助的小生靈？」他舅父大叫：「我難道沒教過你不許殺生嗎？你會喜歡有個巨人扔一座大山在你身上嗎？」

「那些飢餓的小鳥太冷了，我用那塊像一座屋頂般的石頭來保護牠們。」小男孩大聲抗議，堅持說他並沒有殺生。

舅父摑了他一個耳光，並把他拖過去

看他淘氣所造成的後果。

當那位威嚴的老堪布彎腰移開石頭時，那些嘰嘰喳喳快活叫著的鳥兒都飛到天空去了，所有的種子也都不見了。

從那時起，每個人都很清楚岡夏的確是不同凡響，他的舅父也肯讓他隨心所欲，因為這男孩真的是超越世俗的法規所能規範的。

岡夏能超越世俗的法規處理好事物，可見他的功法及能力是常人所不能達到的。

文殊菩薩

佛教八大菩薩之一，為藏傳佛教主要信奉對象之一，也為密宗三怙主之一，被視為智慧之神。在藏文重要譯著之中（《甘珠爾》除外），開首都有「頂禮文殊妙音」一句，以示崇敬。文殊在藏語中稱為「江白樣」，意為「妙音」或「妙吉祥」。據傳文殊的「體相集諸佛菩薩之色，表相現十地菩薩之形，言辭無粗惡之過，語言有美德之妙，具此自性，故稱妙音」。塑像為頂結五髻，手持寶劍，表示智慧銳利，坐騎青獅，表示智慧威猛。又有黑、白、紅黃之別，呈白色身形者為白文殊，呈黑色身形者為黑文殊，呈紅黃色者稱為五字文殊，另外呈威猛形象者叫忿怒文殊。一個紅色牛毛法幢，做為該神的依止物，故亦被稱為紅色護法神。

對生意人的忠告

無精進修持的信仰，終必停留在哲學的階段；缺乏修行法門的修持，有如入寶山而空手回。

從前，岡波巴有個做生意的信徒。這個商人多年來一直以買賣佛像、軸畫、佛經以及法器爲生。

商人明白這種行業不是佛陀至心勸告在家人所該做的「正命」。所以，商人請問上師如何才能清淨因這種不正當行業所積聚的惡業，因爲這惡業會妨礙他走上解脫開悟之道。岡波巴勸他從事其他正當行業，賺取如從前經營的生意所得一樣多的錢財，然後再將所有的利潤用來建廟。

商人遵照上師的交待，最後蓋了一座華麗的寺廟，這些繁重的工作使他無暇祈禱或打坐。商人在完成這項任務後，前去

見岡波巴說：「法師尊者，現在我已清淨了我的業，但仍需要無數佛書、佛像和唐卡來莊嚴寺廟，使它成爲人們能夠禮拜的眞正聖殿。要做的事情這麼多，我如何有時間禪修？若不禪修，我在正道上怎能進步？」

岡波巴回答：「毋須再裝飾寺廟，虔誠的人們自會照料一切。如果你能透過大手印（究竟實相）的淨光，維持著即使僅僅一刹那的空性覺知，那麼你所有的業與情感都將立刻淨化，自然便不再需要更費心地去積聚世間的善行，也不需要一味地尋求精神進步的虛幻徵兆。至於大手印之道，只要安住於自然與單純，覺知自己本具的佛性，那麼佛就在掌中。讓自己保持自在，超越爲與無爲的二分法，不要嘗試去完成或算計任何事情，當事情過去時就讓它過去。享受一切如佛性的展現，讓一切如其所然。」

商人頓時明瞭佛性所在，因而開悟了。從此，他不再珍視雕刻的偶像。

迦樓羅

按照《迦樓羅及諸天密言經》的說法，就是中國的金翅大鵬鳥或大鵬金翅鳥，是印度教和佛教典籍中記載的一種神鳥。在密宗的體系中，迦樓羅（藏語：khyung）是五方佛中北方羯摩不空成就佛的坐騎，人面鳥身，寓意法王攝引一切，無不歸者。

橋下皈依的竊賊

逃脫刑罰可能是比較容易的，但一個人永遠難以逃脫來自良心的拷問。

東藏江孜河畔住著一位喇嘛，虔誠的信徒供養了他許多東西，但因他已拋棄所有世俗的牽絆，對這些供養物也只是隨意放置。

有一天，一個小偷到他的佛堂偷了些宗教儀式用品，喇嘛直覺到邪惡之氣，很警覺地當場逮到小偷。知道這小偷的惡業深重，喇嘛決定替他消除緊纏的罪業。

捉住小偷的脖子，喇嘛用一本經書敲打他的頭，同時唸著皈依祈求文：「皈依佛、皈依法、皈依僧，我自今起至心皈依三寶。」不說第二句話，他就把小偷放了。望著往外逃竄的小偷身影，喇嘛唱道：「我已經捨棄世間所有的財物，願你也能捨棄不善的行為。」

當晚，小偷縮在橋墩下思索著受損的自尊。午夜時分，他自噩夢中驚醒，看到四周佈滿邪魔鬼魅。

他驚嚇不已！突然腦子閃過白天喇嘛打他時所唸的皈依祈求文。小偷不自覺地唸起：「皈依佛、皈依法、皈依僧，我自今起至心皈依三寶。」他不斷重複地唸著，同時清楚地看到精魂鬼魅在皈依祈求文的力量下不斷消失逃散。之後，他不停地唸誦皈依祈求文，並成為江孜河畔那位喇嘛的弟子。

眾所周知，皈依是入佛法之門，是證道之路。皈依祈求文與對三寶的虔信

之心必能平服邪惡力量，淨除不善業，並爲心靈帶來清淨。小偷遠離幻象，轉求難以言喻的涅槃寧靜，他自己終於也證悟成爲上師，並且引導許多人得到解脫與開悟。

格貴

　　格貴，主要掌管各個寺院或紮倉僧眾的名冊和紀律。所以又名爲糾察僧官、掌堂師。實際上，格貴是負責維持僧團清規戒律的寺院執事，歷史上藏傳佛教各大寺院的糾察僧官巡視僧紀時，常隨身攜帶鐵杖，故有「鐵棒喇嘛」之俗稱。

第四章

開悟篇

高貴廣大的心量

對於內心的開發，真誠的心靈修持遠比智慧知識更為重要。

掃地大師周利盤陀伽，出生於舍衛國一個婆羅門家庭。從小就反應遲鈍，他父親用盡了辦法都無法教會他世襲的婆羅門宗教習俗，盤陀伽甚至連一行印度教聖典《吠陀經》都弄不明白，既不會讀也不會寫。

相反，盤陀伽的哥哥卻很聰明，從小就深受婆羅門徒的喜愛。在他們的老父親死後，兄弟二人受到了佛陀弟子的照顧和影響，不久，哥哥就出家為比丘。盤陀伽卻被認為太笨不適合出家，被拒於門外，獨自一人孤單地生活。

一天，盤陀伽的哥哥鼓勵他去請求佛陀的侍者阿難，讓他向佛陀說說情。盤陀伽有些沮喪地說：「像我這樣低能的人，怎麼能奢望加入殊勝的佛陀僧團呢？每個人都知道我愚笨無比，我甚至連最簡單的偈頌都記不住。」

哥哥聽後，同情地說：「親愛的盤陀伽弟弟，在佛陀慈悲為懷的教義下，名望、地位和學習能力都不是最重要的，只有高貴廣大的心胸才是修道的要旨。你同樣可以入門修道，還是自己去請示佛陀吧！」

盤陀伽畢恭畢敬地來到佛陀和他的弟子阿難面前，還沒等他開口請求時，全知的佛陀就已經深刻洞悉了他謙卑和純淨的心。隨即就在孤獨園，讓阿難尊者為盤陀伽剃度出家。

　　阿難教盤陀伽一個偈頌，偈頌是這樣說的——

諸佛教示：

諸惡莫做，使自己遠離邪惡思想的迷惑；

眾善奉行，

莫執著於自我，

正念、正知、正命，

才能免於傷害和煩惱。

　　盤陀伽日夜背誦，可是三個月過去了，可憐的他依然記不住這個偈子。和他一起皈依的新出家眾早就把整章經典背熟了，就連當地的牧羊人也對這些簡單的偈頌耳熟能詳了。

　　盤陀伽垂頭喪氣地去見阿難尊者，懇請他說些別的教法和指示。阿難也對此無能為力，覺得無法教導他，於是對他說：「如果一個人無法學習和記憶任何事物，即使出家了也無法取得大的成就，你還是做些別的事吧！」阿難尊者祝福他之後，就讓他離開了。盤陀伽獨自徘徊在孤獨園外傷心哭泣，直到佛陀隔天親自發現了他。

　　慈悲的佛陀早就知道了事情的前因後果，他走到盤陀伽面前，親切地問道：「是什麼事讓你如此傷心？」盤陀伽擦了擦眼角的淚水，十分自責的說：「世尊，我無法做一個真正的修行者，也不是一個好的比丘，這一切肯定與我的惡業有關。」

　　佛陀耐心地告訴他說：「因果循環，報應不爽。因為你的前世是一個過度

驕矜的婆羅門學者，生前爲了謀求一己私利曾假稱神通無比並無情地詆毀其他學者的教義，所以在這一世就要飽受缺乏智慧的苦惱。」

盤陀伽心灰意冷地說：「自從我小時候起，老師和同學就譏諷我愚笨如豬，我簡直是無可救藥了！」

佛陀以偈頌回答道：

寧可被智者輕視，也不受幼童的讚賞；

自知己爲幼童者，實爲智者；

自誇聰明者，實是幼稚愚笨者。

盤陀伽實在是太笨了，就連博學多聞的阿難都對此無計可施，佛陀只得親自教他。佛陀要求他每日辛勤地打掃寺院來清除自己的業障，同時還要邊掃邊唸誦、思維兩句話：「拂塵、掃垢。」盤陀伽每日還要幫其他比丘們擦拭鞋子。

「盤陀伽，你能掃寺院和擦拭鞋子嗎？」佛陀問道。

盤陀伽回答說：「世尊，掃地和擦拭對我來說並不是難事，只是我無法記住您教的那兩句法語。」

佛陀鼓勵他說：「不要灰心，只要用心去做，就沒有克服不了的困難。」

接著，又要他跟著自己覆誦那簡單的兩句話——「拂塵、掃垢。」一次又一次不厭其煩地教他。盤陀伽終於記住了一點，佛陀爲他祝福後才轉身離去了。

在盤陀伽開始打掃寺院時，他仍無法記住佛陀親自教他的那兩句話。多虧阿難尊者在庭院中不時地提醒他應該要唸誦的句子。最後，他終於記熟了這個簡單的偈子，而且能一邊工作一邊思維了。

擦拭比丘們的鞋子對這個愚癡的出家人而言是另一個障礙。當盤陀伽剛換了這件新的工作，便無法記起在打掃院子時所記起的那兩句話，耐心的阿難又再度教導他，他才得以克服困難。最終，盤陀伽成了整個佛教僧團裡的一員，即使他是最愚鈍的一個。

慈悲的佛陀為了幫助他消除業障，便以他神奇的力量加持，使寺院的灰塵和比丘們鞋上的泥土無窮無盡，好讓盤陀伽及早證悟。盤陀伽同樣也加持著，用這個方法，睿智的佛陀增長了盤陀伽勤勉、虔敬的修行。盤陀伽一刻不停地清潔著，謹慎地將佛陀的教誨銘記在心上。從此，「拂塵、掃垢」這兩句簡簡單單的話，變成了他不變的真言。

普通的人雖然不時地取笑這位愚蠢的傢伙，但在內心深處也不得不讚嘆他的信心與勤勉。那些有智慧的人都認為他是一個真正的比丘──雖然有先天的缺陷，卻從來不放棄清除業障、尋求開悟的努力。

盤陀伽每天都認真的工作，按照佛陀的交待，恭敬虔誠地掃地、擦鞋。他背熟了佛陀教他的那兩句話之後便再三思考，更深層次地去探究它的意義。雖然寺院的灰塵和比丘們鞋子上的泥巴是無窮盡的，但是他的覺觀卻一點點地在他心靈深處開始綻放了。

「佛陀讓我清掃的肯定不僅僅是指外在的塵垢，更重要的應該是內在的污

穢？」他若有所思的自語道。可是他又迷茫了，不斷地問自己：「外在的塵垢是污染環境的髒東西，可是內在的污染到底指的是什麼呢？我的業障還有多少沒有消除呢？」帶著種種疑問，這位愚笨的掃廟僧——佛陀弟子中最愚蠢的一個，開始了他日常雜務中的禪修。

一天，盤陀伽在打掃寺院時靜靜地做自我觀照，佛陀所開示的一個偈頌很自然地從他心中升起，這些句子就算他絞盡腦汁背一千遍，也不可能記得，更別說要信手拈來了。這預示著他透視幻象而證得開悟。佛陀的話在他腦海裡自然地想起，是那樣的親切，就像心有靈犀一樣——

塵非泥塵，而是執著，
智者棄之；
垢非泥垢，而是嗔恨，
智者棄之；
塵垢是無明，此外無他；
智者清除此污垢與障礙，
即得解脫。

這一瞬間浮現的偈頌，使盤陀伽瞭解到執著、嗔和癡三毒是輪迴的根本，他打破了自我的幻象，探究到了一切迷惑的根本。

突然間，愚蠢的盤陀伽欣喜若狂地呼叫道：「看到了！我看

到了！我清清楚楚、明明白白地看到了！敬禮偉大的世尊！」

盤陀伽精進禪修許多年之後，終於成了佛陀座下的十六羅漢之一，廣爲弘揚佛陀的教法。每個人都十分驚嘆僧團中這個最笨的比丘，竟能達到如此崇高的心靈成就。一次，盤陀伽阿羅漢在教導十二個心存疑惑的比丘尼和成千上萬的在家眾時，有一萬兩千人當場就證得了不同層次的開悟。

還有一次，一位醫生向佛陀提出供養一頓午餐的請求，佛陀答應了下來。醫生高興地邀請了寺院裡全部的比丘，偏偏少了掃地僧盤陀伽。然而佛陀卻在他座位旁擺了一個座位留給盤陀伽，直到這位沒受過多少教育的阿羅漢被請來時才肯受食。

佛陀親口向世人說，在他眾多弟子中，最善於轉化他人心念的就是善良的掃地大師阿羅漢盤陀伽。時到今天，那些無法記憶或瞭解佛陀教法的人，都全心全意地向盤陀伽祈求，希望他能開發他們的心智慧力。

文成公主與藏傳佛教

　　松贊干布在迎娶文成之前，已有一位妻子，是尼泊爾的尺尊公主。尼泊爾公主帶來了一尊釋迦牟尼佛八歲的等身像，而文成公主帶去了釋迦佛一尊十二歲的等身像。松贊干布能夠統一吐蕃，自是一等一的英雄人物。他利用兩位公主帶來的影響力、法器和經書，大力崇佛，逐步把當時的西藏高原建為一個政教合一的國家，依靠僧侶集團，鞏固了自己的統治。而被排擠出權力中心的貴族集團自然心生不滿，謀殺了後來的國王赤祖德贊，大興排佛運動。因為文成公主帶來了佛教，他們便誣衊文成公主是魔鬼轉世。而在後弘法時期，佛教勢力重新佔上風的時候，文成公主又被重新尊為「綠渡母」轉世。

米拉日巴的教誨

成功在於永不放棄，沒有什麼神奇的方法可以讓你一朝悟道；更沒有什麼可以借鏡的，所需的只是加倍努力而已。其實，不管你的信仰是什麼，只有堅持不懈的行動，你的信仰才能實現。

米拉日巴是西藏最有名的瑜伽聖士，也是最受大眾喜愛的吟唱詩人。他的《米拉日巴十萬歌集》就是他在喜馬拉雅山麓對弟子和擁護者們即席吟唱的，九百年前就一直流傳於高原雪國，至今已被翻譯成多國文字。

米拉日巴以悟道成佛而聞名，曾經獨自在山洞閉關數十年，終日穿一襲白衫，由於長期以野蕁麻果腹，他的皮膚竟變成了綠色。從十一世紀至今，做為一位法道行者的榜樣，他已經啓發了無數的出家眾與在家眾。

米拉日巴的弟子是岡波巴，他出生在西藏雅爾的色巴谷，一出生就智慧過人，慈悲深切，貪執、慳吝之心極微；信心、精進之念甚堅。岡波巴從來都不懶散放逸，白天在聞思學處精進研習，夜晚則修習禪定。他在一次感兆中，親眼看見一位身形碩大的綠色瑜伽行者，肩上披著一件襤褸的布衣，手持枴杖來到他的面前。綠色瑜伽行者用手掌壓在大師的頭頂，並將口中的唾液滴在他的頭上。岡波巴立刻覺得定力突然增長，進入了一個超乎尋常的三昧，同時對慧觀亦生起了決定的信解，全身異常的放鬆，智慧也敏銳起來。

由於尊者的示現，岡波巴開始四處尋找這位綠色瑜伽行者，而這位行者就

是米拉日巴上師。

　　一個清晨，米拉日巴早早地起來，召集諸位弟子及施主們前來集會。

　　米拉日巴說：「將來受持我的教法和傳承的人，不久就會來到此地。昨天晚上，我夢見他手持一個空琉璃寶瓶前來，我將手中銀瓶裡的甘露全部灌注在他的瓶中了。老父的面前已經生出了一個長子，他將使佛陀的教法像日麗中天一般的發揚光大，使無量有情皆得蒙益！」說完，便哈哈大笑起來。

　　眾人向他詢問此人的名字，米拉日巴說：「他是一個受了比丘戒的出家人，名字叫做岡波巴。」

　　當岡波巴千辛萬苦地找到他生命中註定的上師米拉日巴時，米拉日巴供養他一個盛滿酒的嘎巴拉。

　　岡波巴連連擺手，大聲抗議道：「上師，您不能這樣做，喝酒是違反戒律的！」

　　米拉日巴微笑著對他說：「沒事的，我向你保證！因為最高的精神戒律就是服從上師的指示。」就這樣，岡波巴才毫不遲疑地將酒一口氣喝乾。

　　米拉日巴慈愛地看著他日後的法嗣，不住地點頭稱讚。

　　岡波巴經過幾年獨自的閉關修行，以及偶爾造訪米

拉日巴，終於完成了他的課業，並準備離開上師。

臨行前，米拉日巴光著兩隻腳，放在他頭上加持。岡波巴請求師父給予一個最後的指導，可是，米拉日巴只是簡單地交待了幾句說：「沒有什麼要教的了，所需要的只是加倍努力而已。」說完，就不再說話了。

當米拉日巴最後一次對岡波巴大叫，想引起他的注意時，岡波巴已經啓程離開了，剛剛涉過了一條小溪。上師的眼睛濕潤了，他知道這一生再也看不到他這位法嗣了。

「我告訴你一個的秘密法教！」米拉日巴大聲地說：「它太珍貴了，以致無法隨便給人。」

岡波巴回過頭來。

米拉日巴突然轉過身來，彎下腰把他的破衣衫撩起，露出像馬蹄一樣堅硬、疤痕累累的屁股。這是他長久坐在堅硬的石頭上打坐所造成的。

「這就是我最後的法教！」他大聲叫著：「認真去做吧！」

西藏佛教史籍對佛教如何傳到西藏有一個神話記載。傳說大約在西元五世紀，一天吐蕃王室的祖先拉托多聶贊在雍布拉康屋頂上休息，忽然天上掉下來幾件佛教寶物，國王不懂它們的用途，只聽見空中有聲音說，在你五代以後將有一個懂得這些東西的贊普（吐蕃王朝的國王）出現。這些東西是印度人帶來的，當時西藏人不知其涵義，印度人只好將它們藏起來，自己回印度了。

開悟的廚師

　　人如果既不為執著也不為嗔恨所困擾，不介意別人的批評，也不尋求讚美，那麼他就能從一切煩惱中解脫出來。

　　在古西藏一座大寺院裡有個叫做「瑪千拉」的飯頭僧，整日忙忙碌碌，每晚都睡在廚房裡，除了鍋碗瓢盤之外一無所有。由於自己熱心的服務和無私的奉獻，瑪千拉證得了至高的寧靜，那是喇嘛們日思夜想所追求的境界。

　　瑪千拉很早就不再苦修了，他放棄了哲理的研讀和複雜的儀式；放棄了所有以自我為中心的努力；放棄了個人的偏執以及爭強好勝的心理；他心甘情願地為師兄弟們服務，藉此向佛陀來表達他的感恩心。

　　瑪千拉無論做什麼，都像個開悟者，本尊親自伴隨在他的身旁或安坐在他的身體裡，幫他完成所有的事情。

　　飯頭僧心靜如水、了然開悟，即使不做正式的祈禱或禪修，仍能保持一切行為都無惑無誤。他全然地奉獻，坦然地接受一切，在人們的眼裡，這個單純的喇嘛所經歷的每一件事彷彿只有一種顏色、一種味道、一種心態；他既不為執著也不為嗔恨所困擾；他不介意別人的批評，也不希求別人的讚美，只是盡力將每一件該做的事情做好，彷彿那就是世上最重要的事。

　　整個寺院裡僧眾們都是靠著那口巨大的鑄鐵鍋來吃飯的，瑪千拉整日都在廚房裡手持大鐵鏟站在熱騰騰的大鍋前，不斷地燉熬簡單卻富有營養的食物。

他將風乾的犛牛肉條掛在燻黑了的樑柱上，並準備好奶茶以及各種配料。那些有學問的僧人誰都不曾注意到這位混跡於他們當中謙虛的廚子是誰，他們的修行、健康和行為舉止都非常好，世上沒有任何佛教團體能與之相比。這些成就的取得，人們通常歸功於輝煌的寺院儀式和寺僧日常行為的純淨，很少有人看到飯頭僧的默默付出。

幾十年後，滿臉皺紋、積勞成疾的飯頭僧最終往生了，老廚子的幾位傑出的幫手依舊留在他生前工作過的廚房裡，幫手們宣稱這位單純樸實的老人就是他們的根本上師。寺院也為瑪千拉舉行了一場喇嘛的葬禮及合宜的火葬，雖然老人也同樣會滿足於被天葬——棄屍於荒郊墳場，做鷹鷲的食物。在葬禮儀式開始時，一道五光十色的彩虹光環繞在瑪千拉喇嘛荼毗木上方；在骨灰中出現

了神聖的舍利子和咒言的種子字（咒言浮現在他的骨頭上）。直到這時，人們才真正瞭解這位其貌不揚的老者，原來是一位隱介藏形的聖人。他曾生活在他們之中，只是沒有被認出罷了。

後來，從那座寺院裡不斷傳出許多關於老廚子的故事，有人說，那個謙卑的老廚子嘴裡總是唸誦著大悲觀世音和聖救渡母的名號；也有人推測，以老人的心智之眼，即使是在他永不倦怠地刷洗鍋盤時，心中和頭上也保持著他修觀的本尊形象；還有人宣稱：老人在證得了至高的寧靜後，就不曾去刻意培養、發展或轉換任何事情。當各種境界呈現時，他都能當下直心回應。在此娑婆世間，他已超越所有修行的方法，得到了彼岸開悟的歡樂。

至今，老人仍以瑪千拉之名而被無數人懷念著，這位滋養無數人的廚子永遠留在人們的心中。

大威德金剛

是格魯派密宗所修本尊之一，因其能降服惡魔，故稱大威，又有護善之功，故又稱大德。梵名「閻魔德迦」，藏語為「多吉久謝」，意為「怖畏金剛」，漢譯大威德明王。也叫閻曼德迦、怖畏金剛、牛頭明王。曾降服死神閻魔天，因此其名字的含意就是「死亡的征服者」。藏密認為是文殊菩薩的忿怒相。

突破執著的束縛

當你手中抓住一件東西不放時，你只能擁有這件東西，如果你肯放手，你就有機會選擇別的。人的心若執著於自己的觀念，不肯放下，那麼他的智慧也只能達到某種程度而已。

西元十世紀時，印度佛教大師那洛巴擔任比哈爾邦邦那瀾陀大學的博學方丈。他在金剛瑜伽女的點化下，文采知識都勝過了當初自己對佛法精神的瞭解。他不再被知識分子愉悅的生活所迷惑，毅然決然地放棄了崇高的地位和寺院清靜無憂的生活。取而代之的是，他找到了業緣註定的上師——德洛巴，並和這位住在孟加拉的自在成就者一起走上了行腳的生涯。

德洛巴曾給那洛巴十二項艱難的考驗，可是那洛巴仍然沒有取得長足的進步，最後德洛巴用鞋子狠狠地摑了一下那洛巴的臉頰，在這一摑之下，那洛巴證悟了大手印——那是內具的絕對實相。那洛巴後來成了譯師瑪爾巴的上師，瑪爾巴就是大名鼎鼎的米拉日巴上師的老師。

德洛巴住在一條小河邊，靠著稻穀殘屑和他親手捕捉到的活魚為生。那洛巴第一次遇到他時就在河岸邊，那是一個春寒料峭的早晨，德洛巴披著破爛的棉布衣，眼睛充滿血絲。

那洛巴頂禮後，恭敬地跟隨在這個自在瘋狂的瑜伽士後面，謙卑地向他求法。

「那洛巴，你來到這裡到底想問些什麼呢？」德洛巴問他。

「我在苦苦地找尋開悟的自在。」這位班智達迫切地回答道。

「你希望從哪裡解脫呢？」瘋狂的瑜伽士歪著腦袋問。

「尊敬的智者！我希望從萬事萬物中解脫出來。」弟子接著回答說。

「你認為是外在的東西束縛糾纏你了嗎？不！不是的！」德洛巴大聲斷言道：「是執著束縛了你，只要放棄執著，當下就能獲得自在！」

聽完這些簡單的話之後，那洛巴如醍醐灌頂般豁然頓悟了。

隨後，德洛巴唱了一首歌：

有執著處，就有痛苦；
有偏見時，就有限制。
觀念存在處，二元對立；
二元分別，暗含無明。

不要思維、計畫或尋求了悟；
不外求物。
清明而無垢，
自覺自然生，
並能療形勞。

安住於不移、不造作，
任運自成。

　　宗教在西藏有著久遠而深刻的影響，其中藏傳佛教影響最大。藏傳佛教是大乘佛教，顯密俱備，尤重密宗。它是西元四世紀以來外來佛教與西藏原有的本教長期相互影響、相互爭鬥的過程中形成的帶有強烈地方色彩的西藏佛教，在藏流傳已有1000多年的歷史，形成了許多獨立的教派，它除了原有的本教外，還有「寧瑪派」（俗稱紅教）、「薩迦派」（俗稱花教）、「噶舉派」（俗稱白教）、「格魯派」（俗稱黃教）。從西元十六世紀起，西藏實行政教合一的制度，因此，無論在人們的思想意識上，還是在生產和生活等的習俗上，都帶有濃厚的宗教（佛教）色彩，宗教活動成為大多數居民生活的一個組成部分。

實相啓蒙

　　心、佛，以及眾生，三者皆空。現象的真性是空。無悟、無迷、無聖、無凡、無施、無受。

　　紐舒隆投是上師巴楚仁波切的大弟子，他一直跟隨上師在野外修行，學習「大圓滿」的理論和修法長達二十五年之久。

　　巴楚仁波切和他的幾個弟子遠離人群和市集，隱居在一個叫做那沖的地方，那裡古木參天，是個修禪的好地方。上師習慣每天黃昏日落時，仰臥著，透過綠蔭向空中凝視，修大圓滿的「凝視天空瑜伽」。那是一個非常殊勝的禪修法門，需要參禪者的心與無盡的虛空合一。

　　一天，巴楚仁波切又像往常一樣來做這樣的禪修，他將附近的紐舒隆投叫到身邊說：「我要檢測一下你的功課，這些天來，你有沒有了悟到自心本性？」

　　大弟子如實地回答道：「對不起，師父，弟子愚鈍，還沒有領悟到。」

　　巴楚仁波切並沒有生氣，相反，一臉和氣地說：「千萬不要操之過急，事實上，你並沒有什麼不懂的地方。對於心中的疑惑，先不要去管它！」上師咯咯地笑著，兩人又繼續修禪了。

　　紐舒隆投曾反覆做過同樣的一個夢，在夢中，巴楚仁波切上師為他解開了

一團像山一樣大小的黑線，當線團層層被剝開時，線上團的中心出現一尊金光四射的金剛薩埵佛像。

金剛薩埵是代表淨業的佛菩薩，代表著一種明亮的覺性與空性、無我的開放態度，也是覺醒的心所具有的明、空二性。同時也是佛法身的顯現，它是指佛的無形無色之身，就是究竟真理，是實相或萬法本具之體性。這個奇妙的夢，是紐舒隆投的真實本性所具本來圓滿和超越的特質，也就是每個人都天生具有的佛性。

米拉日巴曾經這樣描述道：

佛性無法假外求，
禪觀自性才是道。

在一個月光如水的夜晚，巴楚仁波切又把他叫來了，讓他躺在自己的身邊。

「揭開一切的時刻就要來臨了!」上師一臉自信地說,同時他又不忘提醒道:「注意保持清醒!」

師徒二人一起向上凝神仰視,望著浩瀚無邊、空無一物的虛空,心靈如水般的平靜,慢慢地與自然化為了一體。

這時,遠處的卓千寺裡突然傳來此起彼落的狗叫聲,劃破了夜空的寧靜。

巴楚仁波回過頭來對紐舒隆投說:「親愛的朋友,你聽到狗叫聲了嗎?」

「聽到了!」紐舒隆投乾脆地回答道。

「這就對了!」上師大聲說道,接著他又問道:「你看到天上的星星了嗎?」

紐舒隆投說:「今天是個晴朗的好天氣,天上的星星很多。」

巴楚仁波一躍而起,興奮地說道:「就是這樣!這就是本然具足的覺醒的明覺、佛性。不要看別的地方!」

就在這一刹那間,冥冥之中,紐舒隆投超越對立的智慧之眼被打開了。在那一刻,他的心與法身緊密結合,對於眼前一切所見都豁然開朗了。紐舒隆投喜極而泣,就這樣,他一下子從偏見執取的網裡完全解脫了出來,並當下體悟到了超越對立的明、空二性。他真正明白了佛性與自身的明覺是一體的,萬法均是佛性無偏無礙的顯現。

正如密續經典《本尊之主》中所宣說的那樣:

在經教的「因」乘,一切眾生皆具成佛之因。

在密續的「果」乘，眾生內具明覺之本質即佛果。

幾年後，已取得大成的紐舒隆投重提此事時，引用了龍欽巴的法語做爲結論：

萬法皆具本然佛性，

了知即是法性覺醒，

六根自然無有造作，

成就即自在大圓滿；

隨喜但擁萬事萬物，

不忘留其本來面目，

碌碌之心亦住其中。

松贊干布與藏傳佛教

佛教是在七世紀吐蕃王朝著名國王松贊干布時開始傳入西藏的。為了加強藏族與周邊民族的經濟文化交流，吸收其他民族的先進文化，松贊干布積極發展與鄰近地區的友好關係，先後與尼泊爾尺尊公主和唐朝文成公主聯姻。尺尊公主和文成公主各自帶了一尊佛像到西藏，修建起拉薩著名的大、小昭寺，隨公主前來的工匠也陸續修建寺廟，隨同前來的佛教僧人開始翻譯佛經，佛教開始從尼泊爾和漢地傳入西藏。

尋找真理

　　人生的真理，只是藏在平淡無味之中。要達到這種至高的境界，就要不斷地反省和自悟。

　　梭楊布是位於尼泊爾加德滿都山谷中著名的朝聖之地，這裡一直是佛教的靈地，曾經有一座佛塔奇蹟般地從地底浮出。直到現在，已經圓寂的薩秋仁波切上師仍然是此處喇嘛公認的領袖。

　　年老的喇嘛松朵是薩秋仁波切的侍者，在他尋求開悟的這些年裡，上師口授給了他許多教法。喇嘛松朵修行極其認眞，絲毫不敢懈怠，他整日以祈禱、禪修和繞行聖地梭楊布的佛塔來供養上師。

　　一天夜裡，松朵夢見他騎在一頭巨大的白象身上，手持一束五彩繽紛的鮮花。當他將夢說給上師聽時，薩秋仁波切十分高興地告訴他說：「這是難得的祥瑞，它象徵著你的障礙已眞正清淨了，開悟的種子正在萌芽！」松朵聽後，激動萬分。

　　過了幾天，松朵又做了一個逼眞的夢，在夢中一個喇嘛高高地立在寺院屋頂的上方，遞給他一根金色燦爛的金剛杵。金剛杵在藏語中稱爲「多傑Dorje」是佛門的法器，形狀猶如小型的雙頭杵，它象徵著佛的心和究竟的眞實。松朵剛將金剛杵拿在手裡，虛空中便飄來一條七彩的絲帶將金剛杵和梭楊布山丘上閃閃發亮的塔尖連結在一起了。於是，他將這個奇怪的夢與上師的某些徵兆聯

想在一起。

　　第二天一早，他就向薩秋仁波切如實稟告了夢中發生的一切，上師解釋說：「這個夢預示著我傳授你的一切都已經綻放了，智慧已經轉移到你的雙手。如果我不在人世了，你要用心了悟大手印的究竟意義。」大手印是佛門的最高眞理。松朵喇嘛覺得上師的話就像是交待後事一樣，心裡惶恐不安。果然過了不久，薩秋仁波切上師就圓寂了，年老的松朵想起師父往昔的恩情，不由得淚流滿面。

　　在薩秋仁波切圓寂的那一年，成千上萬的信徒聚集在薩秋仁波切生前居住的寺廟舉行了一場盛大的法會，他們從四處趕來祈求並持誦數百萬計的眞言。

　　在一個專心於修法的早晨，松朵喇嘛突然了悟到本具的佛性，並得到了超凡的解脫。「爲什麼我以前沒有看到呢？是什麼蒙蔽了我的雙眼？」他驚呼道：「費了一番苦心，原來它就在我的眼前啊！」

　　從此以後，在他生命裡的每一件事似乎都變得不一樣了。當太陽從雪山山上升起時，當狂風掠過高原時，他都平靜地啜著茶，再也沒有任何事可以影響到他內在的明覺了。

　　松朵喇嘛不再苦苦地尋找眞理了，因爲眞理證悟就在他的身邊，從來都沒有離開過。

活佛轉世制度的創立

　　西元1252年，忽必烈召見八思巴時，也邀請噶瑪噶舉高僧噶瑪拔
希。但噶瑪拔希投向了當時的蒙古大汗蒙哥，被蒙哥封為國師，並賜給
一頂金邊黑帽及一顆金印。西元1283年，噶瑪拔希圓寂。為將本教派既
得利益保持下來，他便以佛教意識不滅、生死輪迴、「化身再現，乘願而
來」為依據，臨終前要求弟子尋找一小孩繼承黑帽。弟子秉承師命，找來
一小孩為噶瑪拔希的轉世靈童，黑帽系活佛轉世制度就這樣建立起來了。
明朝，黑帽系活佛噶瑪巴被明永樂皇帝封為明三大法王之首的「大寶法
王」。今天，這一活佛轉世系統仍在傳承。

粗魯的開悟

晨鐘暮鼓，一語驚醒夢中人；春花秋月，是非成敗轉頭空。

　　頓悟是一種與佛教禪宗相似的證悟現象，在《金剛乘密續教法》中的快速道，就有關於它的記載。一位證悟具足的上師，能夠神奇地喚醒一個成熟弟子的真如本性，就像一個切割鑽石的專家，用細小銳利的金剛刀切割具有細微瑕疵的多晶體寶石，使其完美無缺地閃現與展露它最燦爛的一面。上師們經常會採取一些驚人的方法來喚醒弟子們更深層的內在真實，而這些方法是超乎人們想像能力之外。這些寶藏的發現者是神秘莫測的，他們的心靈視覺可以引領弟子們去發掘埋藏數世紀之久的《密續教法》。

　　被認證為十九世紀岩藏取寶人秋吉林巴的轉世者秋林仁波切指出從頓悟的那一刻起他就不曾失去過深邃的覺悟。他從來沒有去拉薩參加公開辯論，因為他無須再對任何人證明任何事情。他後來在追憶自己頓悟的過程時，他講了一段難忘的經歷。

　　這位晚年住在北印度的喜馬羌帕德斯，在畢爾建立秋林寺後圓寂的高僧，年輕時就像許多轉世喇嘛一樣早熟，對自己的學識和聰明才智十分自負。當時他正跟隨東藏最偉大的上師之一蔣揚欽哲仁波切學習和修行。

　　這個青春洋溢和一臉驕氣的秋林決定騎馬長途跋涉去拉薩，和學富五車的黃教格西以及辯論師們一較高下，他要露兩手給他們瞧瞧。

　　涅滇秋林為他的長途旅行做了精心的準備。當他興沖沖地正式向上師請求允許他前往拉薩以及啟程必須的加持時，蔣揚欽哲卻告訴這位志得氣滿的年輕人說：「去拉薩是件好事，只是機會還未成熟，再等一陣子吧！」

　　幾天後，蔣揚欽哲在寺院裡舉行了一場重要的金剛乘灌頂，秋林活佛那天湊巧腹痛得厲害。當滿頭銀髮、氣質尊貴的蔣揚欽哲仁波切以他慣有的威嚴，穿過那排重要的喇嘛與轉世活佛們隊伍走過來用金色神聖的灌頂寶瓶給年輕的秋林加持時，一個意想不到的事情發生了，令在場的每個人都大吃一驚，上師用腳踢向了秋林的小腹。

　　秋林因脹氣而腹痛難耐，經這麼一踢，竟然不合時宜地放了一個響屁——這在寺院裡是極不雅觀的，更別說當著這麼多大修行者的面了。年輕的秋林頓

時羞愧得無地自容，恨不得找個縫鑽進地裡。

欽哲仁波切用右手食指指著面紅耳赤的秋林，大喝一聲：「就是那個！」

這個年輕活佛的心在一剎那間世俗概念的造作蕩然無存，突然從迷惑、如夢幻、二元對立的存在中覺醒，見到了自己的本來面目。

達賴轉世系統和班禪轉世系統

達賴活佛轉世系統創建於十六世紀。清初，五世達賴喇嘛不遠千里到中國北京朝見順治皇帝，被封為「西天大善自在佛所領天下釋教普通瓦赤咖怛喇達賴喇嘛」，達賴喇嘛的稱呼從此正式確定下來，並傳承至今。班禪活佛轉世系統出現於西元1713年，清朝中央政府正式冊封班禪為「班禪額爾德尼」（「額爾德尼」，滿語，為梵語ratna之變音，舊譯「寶師」或「大寶」）。

準備自己的供養

一切惡法，本是虛妄的，你不要太自卑你自己。一切善法，也是虛妄的，你也不要太狂妄你自己。

巴楚仁波切的老師是著名的瑜伽士多欽哲，這個大圓滿大師以嚴厲、粗獷聞名遠近。

一天，裝扮成乞丐匿名四處流浪的巴楚來拜望他的上師多欽哲。他在上師紮營的廚房裡遇到一位正在做多瑪的喇嘛。

多瑪是用大麥粉撚揉製成的圓錐形糕餅，在藏民的各類供養禮儀中都會用到它。這些紅色或白色的糕餅，象徵著方便與智慧，大樂與空性是無二無別，渾然一體的。將食子供養後棄置一旁則意味著自我幻象的消除。

巴楚仁波切問這位喇嘛他能不能進去拜見多欽哲，這位喇嘛斜著眼睛看了看眼前這位衣著破爛的流浪漢，隨口說道：「哦，沒問題，我可以幫你引見，但你得幫我做這些食子。」

說完，喇嘛就笑呵呵地走開了，留下巴楚一個人在那兒幫他做食子。

因為找不到奶油，博學的巴楚就用紅色顏料把食子全都漆成了紅色。可是根據那些食子的形狀，誰都明白應該是塗成白色的，而現在卻被塗成了紅色。

過了許久喇嘛才回來，他很滿意這個乞丐幫他做完了所有的工作。直到他瞥見那個白色的「噶多」竟被塗成紅色時，他的笑容凝固了。

「這是何等的愚蠢啊！」喇嘛大聲叫道。

巴楚仁波切溫和地回答：「慈悲的喇嘛，請您告訴我，依照儀式它必須永遠是白色而不能是紅色的理由？」

「什麼？你還要爲自己的過失找藉口！」喇嘛咆哮著，憤怒地將發紅的雙眼瞪向天空。

「你這骯髒污穢的流浪漢，犯了如此愚蠢的錯誤，還膽敢質問我！」喇嘛抓住巴楚仁波切，狠狠地賞了他一個耳光，不由分說將他轟出寺外。

「只要我在這裡一日，你就別想見到多欽哲！」喇嘛望著巴楚仁波切的身影恨恨地說。

到了晚上，多欽哲仁波切向眾人詢問白天有沒有什麼人來拜見他，因爲他有個夢兆，他的心子巴楚仁波切將要前來拜訪，他也十分期待這位素未謀面卻十分獨特的弟子。可是他的隨從報告說，整天都沒有人來過。

可是擁有超能力的上師卻堅持說一定有人來過，在廚房做食子的喇嘛終於開口了，告訴多欽哲說有位乞丐曾到廚房來化緣，還想拜見上師，但是他犯了錯，把本應該塗成白色的食子全都塗成了紅色，最後被趕走了。

「他就是巴楚，你這個有眼無珠的笨蛋！」多欽哲大發雷霆，他的暴躁與他的智慧和慈悲是同樣有名的。「立刻把他給我找回來，除了他我誰也不見！」看到上師如此憤怒，所有的隨從全都奔出寺外去尋找那個乞丐並請求他回來。

第二天早晨，巴楚來到了上師的面前，多欽哲要他坐上法座，十分誠懇地請他闡示寂天菩薩的古典著作《入菩薩行論》，因為巴楚仁波切以注釋此論而聞名。

巴楚仁波切當眾開講《入菩薩行論》，解釋殊勝的菩提心以及一切有關的修行方法。他發現那個做食子的喇嘛此時卻將他褚紅的臉孔掩藏在暗紅的僧袍下，躲避著他的目光。巴楚仁波切略微停頓了一下說：「雖然每個人的嘴上都掛著陳腔濫調，高唱著利他開悟的心性，但是仍有一些人甚至不知道他們所驕傲地塗繪的食子的意義。他們只知道發怒，只會揍打謙卑請教他們的人。」

多欽哲聽後欣慰地大笑起來，憑藉他的天眼通，已經完全洞察前一日廚房那一幕的全部經過，他大聲地說：「好極了！這小部分的寂天是我前所未聞的！」

藏傳佛教封號性僧職稱謂

是由歷代中央王朝授封的一種僧職稱謂，在藏傳佛教諸多僧職稱謂中最具聲望。這類僧職起始於元朝，西元1260年，忽必烈即位後，封薩迦派第五代祖師八思巴·洛哲堅贊為國師，授予玉印，領總制院事，統領天下釋教；西元1269年，忽必烈又晉封八思巴為帝師。

謙卑侍師而成就正果

修行的形式並不重要，重要的是你的心上是不是把修行的內容放在重要的位置上。

嘉裕哇大師最初在阿闍黎的引薦下給堆隆巴大師做侍者。他十分聰明，在大師說法會中聽講完畢後，對於《集學論》等論典，大都能夠通曉。

一次，堆隆巴去卻巴居拜見敬安‧楚稱壩哇大師，嘉裕哇做為僕役也一同前往。敬安每天都要用圖形曼荼做九次供，當看到嘉裕哇熟練地做了一次曼荼供養後，敬安心中大喜。他一臉羨慕地對堆隆巴說：「你真幸福！有這樣好的侍者。」堆隆巴說：「那麼，把他獻給大師吧！」

敬安有些不相信地問：「你不是在開玩笑吧？」

堆隆巴說：「大師放心，我說的是實話。」

敬安聽後大喜。

堆隆巴當場就給嘉裕哇帶上一疋綾綢供獻給了敬安大師。一年之後，敬安給嘉裕哇穿上一身毯氌衣服，命他回去堆隆巴座前服侍。

堆隆巴見到嘉裕哇說：「我的愛徒，你應該一生都要服侍敬安大師，怎麼能中途回來呢？是不是做錯了事？」

嘉裕哇說：「敬安從來都沒有責怪過我什麼。」

堆隆巴說：「有罪過就請求申斥罪過，如果沒有就要汲取教訓。這是應不應該修『視師如佛』的區別的。」事實上，一切內部服役，都由嘉裕哇一個人承擔，騰出手來，他還要做飲食等事。晚上嘉裕哇供曼茶祈禱，由此敬安所奉安舍利也增長了很多。隨後師徒來諾寺，在那裡修造鄔哲和塔堡時，取石拿土無一不做。

堆隆巴曾說：「雖然不能用智慧和物質來供師讓師父心生歡喜，但要盡自己的體力勤勞，乃至血肉憔悴來報答恩師。」敬安曾說：「嘉裕哇，你的智慧超過拉薩業塘的僧徒許多，必將得到解脫的，願勿留下我。」有一次堆隆巴來拜謁敬安時，向大師問道：「這個小僧徒怎麼樣？」大師讓嘉裕哇到門那邊去，才對堆隆巴說：「此子的信心和智慧天生廣大，猶如向空旋矛全圓周到。」敬安講說一切教法時，都把他安置在座前。在領巴寺芒惹師和嘉裕哇同一時機做灌頂法緣。芒惹在普穹哇住處時，普穹哇說：「現在盛行以聲聞的神變來成熟一菩薩有情現。」

敬安大師臨終時，嘉裕哇請求師父於未來世做攝受。敬安說：「直到法身未滅之間，我們師徒都不分離的。」

在常人眼裡，嘉裕哇幾乎完全在敬安座前服侍，根本無暇修法，可是他卻憑藉著自己的勤奮而獲得內證。當他走到第三階級時，心中頓然清晰現起所有經藏教義。他深信這是對上師服役而修來的功德，不禁感嘆說：「吉麥寺的諸善知識不勤於對上師的服侍，整日忙於聽法修道，這樣的做法是不可取的。」

嘉裕哇在嘉裕寺駐錫時，格波尼貢問他說：「善知識，你心中是如何生起二諦的？」

嘉裕哇說：「我心中生起了世俗菩提心和勝義菩提心二者。」

格波尼貢又問道：「你是如何理解自心而達空和外境而達空的呢？」

嘉裕哇說：「本來箭斷在內臟裡，卻在外面的傷口處塗抹藥物，這樣何濟於事！這好比盜賊逃入山林，我們反而到河邊去追尋，同樣也於事無補。由此便知此心達空的眞諦，外境枷鎖也自然解脫，一切皆是空性。」

格波尼貢接著問道：「你是什麼時候證悟的呢？」

「我最初在敬安大師座前服侍時生起的。」嘉裕哇說道。

格波尼貢問：「服侍師父對於修行有妨害嗎？」

「不妨害！」嘉裕哇做出了肯定的答覆。

佛門的修行，講究寧靜和空靈，即使是開門閉戶聲都會對修定產生妨害。據說嘉裕哇最初修行時，為了增強自己的定力。主動將臥榻移近門戶。繼而諸弟子修行時，常常擊動樂器而修。

敬安大師臨終時對嘉裕哇說：「你不必受比丘戒。」因此，嘉裕哇很長時間中都未受比丘戒。一次夢中受到開示說：「一個佛塔上不必做兩規形式。」又夢見賜他一尊身著祖衣的印度佛像。得到這些啟發，他才受了比丘戒。在他六十四歲時，一次做跏趺坐，他對身邊的人說：「我應做獅子臥狀。」於是頂門有大股熱氣向上騰起，頭上汗珠下落，而示現圓寂。

大慈法王

是明朝對藏傳佛教格魯派高僧授予的僧職稱謂。西元1413年，身為宗喀巴大師大弟子之一的釋迦耶希（又名絳欽曲傑）代宗喀巴進京應詔，受到明代朝廷的盛大歡迎，於西元1415年被明成祖封為「妙覺圓通慈慧普應輔國顯教灌頂弘善西天佛子大國師」；西元1429年，釋迦耶希再次應邀進京，並在內地留住造寺傳法，遂於西元1434年又被明宣宗皇帝封為「萬行妙明真如上勝清淨般若弘照普慧輔國顯教至善大慈法王西天正覺如來自在大圓通佛」，簡稱「大慈法王」。

牛的業

　　世間的人要對法律負責任。修行的人要對因果負責任。惡業必須償還，當一個人能問心無愧時，他才能坦然地面對一切事物。

　　從前，在遙遠的喀什米爾地區，居住著一位名叫米惹西的僧人，他是一個典型的嚴守佛教戒律的比丘。經過禪定的力量，他具足了神通，能夠預知過去和未來，經常在空中飛行，並能看透弟子們的心念。

　　這位偉大的比丘是個素食者，而且固守佛制，實行過午不食的傳統。

　　一天，他在森林旁邊的住所外，架起柴火在大鍋裡浸染他赭色的舊僧袍。這時，對面走過來一群人，他們在尋找一頭遺失的小牛，正好路過這裡。當他們發現鍋裡全是雜色的碎片和血紅的顏料時，便怒氣沖沖地大叫起來，也不去仔細辨認鍋裡到底是什麼東西，便七嘴八舌地誣陷這位默不出聲的僧人，控訴他偷宰了他們遺失的牛，並把他捉走了。

　　這群人把僧人扭送到鄰近的村子裡進行私下的審判，無論他們問什麼，僧人都不做任何回答。沒有辦法，該地的首領只得草草地宣佈了判決的結果，將沉默的老比丘用鐵鏈鎖在地牢裡。老比丘既不為自己未犯的罪行辯解，也不奢求獲得釋放。他的弟子懇求他洗清自己的冤屈，可是他卻一句話也不說。

　　幾天後，村民找到了那頭遺失的小牛，知道冤枉了老比丘，便請求首領釋放老比丘。這時，首領正因為其他重要的事情分心，把這個案子耽擱了好幾個

月，米惹西一直被留在土牢內。

米惹西的幾個重要弟子親自去求見國王，希望他釋放被囚禁的老比丘。國王聽了他們的敘述，感到非常驚訝，同時也意識到了事情的嚴重性。國王害怕這嚴重的冤獄所造成的莫大惡業將會報應全國以及那些不負責任的村民。想到此，國王立刻下令釋放老比丘並召請他到王宮來，以求彌補過錯。畢竟，一個尊貴的出家僧

被冤枉，關在污穢的洞穴裡長達六個月之久，是前所未聞的事。

當這位莊嚴的老比丘來到國王面前時，國王急忙離座請求他寬恕子民的過錯。國王承諾因自己的一時疏忽給米惹西造成了極大的傷害，他應該給予補償。國王還一再強調，他會處罰那些是非不分，造成米惹西冤獄的人。

這時，一直沉默的米惹西終於說話了，他說：「尊貴的國王，請不要處罰任何人，這是我的報應，我甘心承受。沒有什麼可抱怨的，既然種下了惡因就

得品嚐苦澀的果實！」

國王奇怪地問：「難道尊者曾經做過什麼錯事？」

米惹西解釋說：「我的前世曾是個小偷，在村民那兒偷了一頭小牛，因無法脫身，就將小牛丟在一位正在森林裡禪坐的阿羅漢附近，使那位證悟的比丘不明不白地受了牽連，在洞裡被關了六天。」

國王在一旁耐心地聽著。

米惹西低垂著眼簾繼續說：「尊貴公正的國王，因為那椿惡業，我墮在惡道受了煎熬。現在，我的惡業終於償還完了，內心一片清淨。對於您和您的臣民，我只有感激和尊敬，沒有一絲一毫的怨恨。」

米惹西在低首致禮後，靜靜地回到森林安詳地繼續他的禪修。

大乘法王

　　是明朝對藏傳佛教薩迦派高僧授予的僧職稱謂。西元1413年，薩迦派高僧貢噶黎西（漢籍中稱昆澤思巴）應明代朝廷之邀抵達南京，被明成祖封為「萬行圓融妙法最勝真如慧智弘慈廣濟護國演教正覺大乘法王西天上善金剛普應大光明佛領天下釋教」，簡稱「大乘法王」。

比丘的夢

平等接受歡樂和痛苦、失去和獲得、幸福和受苦、名望和羞辱相生互轉的關係，一個人如果不能從內心去原諒別人，那他就永遠不會心安理得。

伐闍羅弗多羅是北印度居桑比國優大葉國王和瓦佳德依王后的兒子。他從小就不喜歡世俗的浮華，十分嚮往佛門清靜的生活和至高的眞理。

一天，他有幸遇見了尊貴的阿羅漢迦旃延。這位一心想放棄世俗生活的王子在父母的同意下依從了阿羅漢。博學證悟的迦旃延在國王和王后的極力勸說下，暫時留在王宮，用心教導王子，並爲他剃度出家。俗話說：「遠離家園便成就了一半佛法。」王宮畢竟不是修道的地方，過了一段時間，師徒二人離開了居桑比。

在一個晴朗的早晨，皈依佛門的年輕王子照例去化緣，不經意間走進了國王普拉昌達王宮的庭院。那些年輕的妃子被這個年輕比丘俊秀的外貌和正直高貴的教養深深地吸引，邀請他坐到她們中間，並用皇家的禮節來款待他，伐闍羅弗多羅對她們談起了大慈悲佛陀達成心智圓滿寧靜的道路。

國王得知這件事之後，立刻趕到庭院中來。妃子們都在津津有味地聽年輕比丘講話，誰也沒有注意到已經來到大石拱門下的國王。國王受到了冷落，顯得非常憤怒。他對始終陪侍在身旁的親信老臣喊道：「一個黃袍光頭的年輕自負小子竟然如此無理，難道他想取代我在這些女子心目中的地位嗎？」

「出家人身旁圍坐著婦女實在太不清淨了！」國王高聲叫道，「給我把他綁起來，打他二十鞭！」氣急敗壞的國王忙不迭地命令道。侍衛們一擁而上，國王的命令立刻被執行了。

伐闍羅弗多羅被痛打了一頓並逐出了宮殿，他怒氣填膺，決心回國招募兵團消滅普拉昌達國王。他回到上師迦旃延阿羅漢的居所，向他陳述了自己不幸的遭遇，並且要退還所領受的黃色僧袍和當初出家的誓言。

迦旃延看了看一臉委屈的弟子，慈悲地說：「對待冒犯我們的人，應該學會容忍和寬恕，不能放棄神聖的誓言去尋求報復。」

伐闍羅弗多羅一點都沒有聽進去，他氣呼呼地站在那裡生悶氣。

迦旃延依舊語調平和地說：「佛陀尊者不只一次說過，『歡樂和痛苦、失去和獲得、幸福和受苦、名望和羞辱都要平等接受，不要執著也不要厭惡，這便是遠離虛幻之道』。」

熱血沸騰的年輕人根本聽不進去，堅持要放棄崇尚和平及慈悲的誓願，一心想要報仇。

迦旃延說：「天色已黑，中途還要穿越豺狼虎豹橫行的森林實在是太危險了，還是過一夜再走吧！」

伐闍羅弗多羅也想明天帶著阿羅漢的祝福啓程返家，就答應了下來。

當這位鼻青臉腫的年輕比丘，裹著血跡斑斑的黃色袍子，懷著滿腔委屈睡熟後，慈悲的老阿羅漢運用心智力量傳送了一個具有啓發性的夢給他。在睡夢

中，伐闍羅弗多羅看到自己回到了自己的國家，在父親逝世後繼位為國王。他招募訓練了大批軍隊，準備出發攻打普拉昌達國王，並當眾發誓將其王宮夷為平地。

就這樣，他帶領舉國最好的勇士，浩浩蕩蕩地一路衝殺而來。

然而令伐闍羅弗多羅萬分驚恐的是，竟是敵軍戰勝了，自己做了俘虜，在大庭廣眾下被侮辱、被鞭打，還要被帶到皇宮城垣上的一座黑色高台上砍頭示眾。當劊子手提著一把寒光閃閃的大斧頭走向他跪著的斷頭台時，伐闍羅弗多羅看見迦旃延阿羅漢正在城牆下面謙卑地化緣。他看到了一線生機，用盡全力大喊：「上師啊！請救救我！饒了我一命吧！」就在此時，那把大斧頭帶著風聲劈向他的脖子……

伐闍羅弗多羅滿臉是汗，大喊一聲從噩夢中驚醒過來，他一眼就發現上師正站在昏暗的臥室中。

迦旃延走過來安慰這個驚魂未定的弟子說：「不要害怕，孩子，這僅僅是一場夢而已。你平安無事，就在我的身旁。」

伐闍羅弗多羅想到白天所發生的事，同樣也是如夢幻般的真實，因此不再有憤怒和報復的思想來污染心地。他萬分感激地向慈悲的上師迦旃延頂禮膜拜，正是上師解救了他，使他免於災禍愚行。

迦旃延教誨伐闍羅弗多羅，萬事的本質均不真實而且短暫。得到證悟，他後來成為十六阿羅漢之一，廣為弘揚佛陀教法。

藏傳佛教學位性僧職稱謂

在藏傳佛教界具有很高的地位和威望。因為這一僧職稱謂是極少數僧侶經過長期的清苦修習而獲得的一種宗教學銜，它能夠顯示各自在佛學知識領域具有頗高的專業水準和身分。這一宗教學銜在藏語中總稱為「格西」（漢文意譯為「善知識」）。「格西」中又有不同級別的具體稱謂，諸如「拉然巴」、「措然巴」、「琳賽巴」、「多然巴」、「阿然巴」、「曼然巴」、「噶然巴」等。

錫杜的禮物

有時候我們要冷靜問問自己，我們在追求什麼？我們活著為了什麼？

　　一次，巴楚仁波切到噶朵寺給無數的信徒進行開示。在教學結束後，大喇嘛噶朵錫杜邀請巴楚到他的私人住處共進午餐。在大喇嘛富麗堂皇的房間裡坐下來之後，巴楚驚呼道：「這裡簡直是太豪華了！噶朵寺的富裕和興盛眾所周知，但您的富裕程度卻超乎所有人的想像。地上舖的是用虎皮和豹皮做的地毯，牆角排列著鑲嵌飾花的箱子，裡面裝滿了金銀法器、錦繡織緞的衣服和古董磁杯。房間裡僕役成群，土地上牲畜遍地，這一切看起來就像是天堂！」

　　噶朵錫杜聽後，臉上呈現出慚愧的表情。

　　接著，巴楚又漫不經心地說：「順便提一下，我聽說您不久將要遠行，可不可以把我僅有的那個煮茶用的陶壺和您所有的行李一齊打包，給我捎來呢？我比較喜歡輕裝簡便的旅行。」

　　錫杜告訴巴楚：「當然，我會幫忙帶您的陶壺，在我眾多行李中那算不了什麼。」

　　巴楚仁波切離開噶朵後，錫杜回想著大師說過的話，突然明白了巴楚的要求中所隱含的申斥。於是，他毅然放棄了寺廟和所有的財產以及隨從，秘密地離開噶朵，來到垛康的白冰河，在那個聖地獨自一人過著簡單的生活，度過了餘生。他穿著粗布衣服，用一個木碗代替原來精美的磁杯，並以極少的食物來

維生。

一天，錫杜給巴楚寫了一封信，他在信裡說：「請您為我歡呼吧！遵從您的勸告和指點，我已經放棄了一切，去修行內心真實的平靜。」

巴楚收到信後，讚賞地說：「這個小子還真能聽得懂我說的話！」

文殊怙主蔣揚欽哲旺波的侄女和一個朝聖者，曾經拜訪過噶朵錫杜居住的山洞。

她接受錫杜的祝福後，供養他一小袋的青稞粉。

錫杜說：「我沒有裝它的袋子，妳就將它堆在這塊平坦的石頭上吧！」

女孩說：「那麼就將袋子一起留下來吧！」

錫杜面前擺放著一塊珍貴的石頭，那是一種很稀有、條紋狀的瑪瑙，在西藏非常受到珍愛。那塊石頭是不久前一位信徒請求這位隱士尊者為其祈禱而給的供養。錫杜把寶石交給那位年輕的女孩，讓她戴在脖子上當做保護與加持。

女孩不願意接受這位貧窮僧人如此珍貴的禮物，但這位隱師尊者卻堅決地說：「妳必須收下，這裡面是有深意的。」

女孩朝聖完畢回到家後，噶朵錫杜就圓寂了。不久之後，錫杜轉世投胎成為她的兒子。

骨笛

藏語稱為「罡洞」，長約三十公分左右，是用人的小腿骨製成，局部包銀或銅，吹起來聲音尖銳刺耳，給人一種恐怖之感。

岡波巴的大空

「無」並不是沒有，而是無限，我們應該要有無限的慈心、無限的悲願、無限的熱誠、無限的親切，才能廣渡無邊、無際的眾生。

岡波巴原來是一名醫生，在兒女夭折、妻子早逝之後，他棄絕塵世，皈依了佛門。在米拉日巴上師的教導下，他不遺餘力地修觀，直到達成證悟為止。

這個從達波來的醫生，每天慣常坐在山洞裡，以編織的禪坐布帶支撐身體。一次，米拉日巴問他每次禪坐能持續多長時間。岡波巴說通常一次需要六個時辰。

米拉日巴問：「你在禪坐時有什麼覺受？」

岡波巴回答說：「什麼也沒有，眼前一片大空。」

米拉日巴驚叫道：「大空！這幾乎是不可能的！你怎麼能禪修了六個時辰而無所感受呢？愚蠢的人，你是在刻意壓抑自己，使你處於無記、漠不關心的狀態，這看起來也許是愉悅的，但不是真正的禪修。趕快放棄這種所謂的修行，按照我教你的方法去做！」於是米拉日巴給岡波巴唱了一首關於真正禪修的歌曲：

究竟見須觀自心，
務必堅定具決斷。

佛果不能假外求，
唯有思維汝自心。
觀照無生之明覺，
尋常禪坐何能比？

究竟上師即佛性，
莫向心外空尋求。
一切外境唯心現。
認知自性即法身，
速證內在之佛果。

　　岡波巴豁然開悟，他宣稱要捨棄褐紅色僧袍，改穿像米拉日巴一樣的白色棉服。

　　米拉日巴再次訓示他說：「每一個人都有自己的心靈之道，千萬不要去模仿他人！」隨後，米拉日巴唱了一首歌，讚美原始寺院生活的情形，解釋了出離、能捨、質樸、寂靜和無我真理的認識。

　　最後，米拉日巴總結說：「善醫師比丘，只有先治癒你自己，才能救治他人。我的教法是我的，你的教法必須是你自己的。要盡其所能地從內心深處引發它。」

白海螺

　　是法會吹奏的一種樂器。按照佛經說法，釋迦牟尼佛說法時聲音響亮如同大海螺聲一樣響徹四方，所以用來代表法音。在《大日經》中即有「汝自於今日，轉於救世輪，其音普周遍，吹無法法螺」。就是這個意思。它或可稱為「妙音吉祥」。

無修無礙

修行的目的，是要打破你我彼此的界限，也要超出一切事物的相對現象，更要超越時間與空間的束縛，進而達到與宇宙的大我合而為一的絕對自在境界。

在勾婁的山洞裡，住著一位修行了二十年的瑜伽士。他有很深的覺觀和證悟，對於殊勝的大樂、清明和無念都有切身的體驗。他認為自己的修行已經圓滿並且開悟，就決定去拜見蔣貢康楚仁波切，並將他的悟道做為供養。

他走了幾個星期的路程，才抵達康楚居住的廟宇，正式謁見了這位大名鼎鼎的禪師。康楚親切地接待了他，瑜伽士老老實實地向大師稟報了他二十年來的閉關經歷、甚深的體悟以及當前的狀況。

康楚仁波切聽後驚呼道：「噢，實在是太糟糕了！這些做法一文不值，趕快把它們丟掉！就像一座山，要等岩石一塊塊落下之後，它才會凸顯出來，而禪修也要適當地放鬆，才能取得進步。」

「趕快回勾婁吧！」康楚建議說：「我給你三年的時間，你單獨留在洞裡，不要有一點刻意地精神修行，不管它如何變化，就僅僅維持在一個本來自然的狀態中，無一絲煩惱迷惑。當『為』與『無為』都能逍遙自在時，修習佛法就成功了。」

瑜伽士靜靜地聽著。

「除非你捨棄一切，甚至是佛法的修行，否則你絕不可能得到開悟。告別你二十年的職業隱士生涯，停止那些修行吧！」

在送這位瑜伽士的路上，康楚仁波切用心良苦地勸導。

隱士滿懷心事回到他在勾婁的山洞。一開始，他很難按照啓蒙師父「什麼都不做」的教導去修行，漸漸地，他習慣了一種任運而爲、自然無飾的生活方式。那些曾經苦苦追尋的無所緣執之明覺、佛性如同太陽在浩瀚的宇宙大放光明一般在他的內心綻放出來。

三年後，他按照指示去見康楚仁波切。他什麼也沒有說，只是在大師面前恭敬地頂了個禮，康楚仁波切讚賞地豎起了大拇指。後來，這個瑜伽士成爲東藏最眞樸、直指人心的「大圓滿」上師，渡化了許多人。

寧瑪派

寧瑪派（rnying-ma-ba）是藏傳佛教最古老的一個派別。「寧瑪」（rnying-ma）藏語意爲「古」、「舊」，該派以傳承弘揚吐蕃時期譯傳的舊密咒爲主，故稱爲「舊」；其法統與吐蕃時期的佛教有直接傳承關係，歷史淵源早於後時期出現的其他教派，故稱爲「古」。通稱「舊譯密咒派」。因該派僧人戴紅帽，俗稱「紅教」，該派以「大圓滿法」爲根本教法。寧瑪派十六、十七世紀才有較具規模的寺院。著名寺院有多吉紮寺、敏珠林寺、四川西部的佐欽寺（又譯竹慶寺、竹箐寺）和噶陀寺。

杜鵑啼聲之悟

　　人生活在無常而又短暫的世間，其實爭不了名利，也帶不走財富。重要的是要能覺醒真理，探索生命的能源，懂得追尋大我人生，懂得於日常生活中，隨緣生活、隨心自在、隨喜而做，才能感受生命的無限光明。

　　西藏傑出的禪修大師毗盧遮那是位天才兒童，從小就在皇室的贊助下出家，成為西藏最初的僧侶之一。蓮花生大師把他帶到西藏的第一座寺廟桑耶寺，訓練成為一名合格的譯師。

　　藏王赤松德贊希望佛法能夠在西藏得以弘揚，便請求他去印度取經。

　　毗盧遮那徒步越過喜馬拉雅山，歷盡艱辛來到印度菩提迦耶。在那裡他得到所有大圓滿心部和界部的根本密續。接著，他又旅行到大圓滿成就者吉祥獅子建造的九層寶塔。吉祥獅子是蓮花生大師和無垢友二人聞名的上師。

　　一天，毗盧遮那來到一片青翠的檀香樹林，在一座莊嚴高聳的佛塔下，他遇見一位柔順的瑜伽女。她頭上頂著一瓦罐水，向這裡走來。毗盧遮那恭敬地做了自我介紹，小心謹慎地向她詢問那位以吉祥獅子之號聞名的尊貴上師的住處。那位女修行者假裝沒有看到毗盧遮那，繼續走她的路。毗盧遮那用他威力無邊的凝視力量，使她的水罐滑落到地上。水罐彷彿有千斤重，令她無法舉起。那位瑜伽女突然裸露雙乳，剎那間，在她心間顯出莊嚴的金剛法界的本尊景象。在那永恆的剎那之後，她引領靜默的毗盧遮那去見吉祥獅子。

獅子大師正獨自坐在一棵樹下，身上僅圍著一塊獅皮的纏腰。謙虛的毗盧遮那萬分恭敬地頂禮三次，供養了一個純金的曼達，並熱切地請求上師傳授給他瑪哈阿底密續最高的密法。

吉祥獅子說：「我必須慎重地考慮你的請求，並不是每一個人都適合這麼高深、不二的教義。把美麗雪獅的乳汁倒入尿壺中豈不是太糟糕了？」吉祥獅子看了看這個來自雪域高原的信徒，繼續說道：「非常抱歉，我們的國王害怕這不二的教法會損毀他的權威，導致社會的混亂，已經禁止人們傳授超越業報因果的秘密法教，違者就會被處死，我也不例外。」

這位西藏譯師請求說：「尊敬的上師，我從遙遠的雪原前來，一路上忍受了諸多的困難就是為了這個教法。如果你傳授這奧秘的口傳，我一定會保守這個秘密！」吉祥獅子最後被說服了，他吩咐毗盧遮那在白天研讀業報因果的教義，到了深夜才可以傳授給他秘密的大圓滿心法。

在夜深人靜之際，吉祥獅子將阿底瑜伽密續中有關心部十八章無與倫比的秘密心法寫下來。他蘸著白色山羊的乳汁，將心法寫在白色絲帛上。他給毗盧遮那示範如何把白色絲帛放在暖煙燻烤，讓上面的文字顯現。還讓毗盧遮那在護法前發誓對這些法教要保守最高的秘密，然後為毗盧遮那做了最深奧的灌頂。

被毗盧遮那譯成藏文的第一部大圓滿經典是《杜鵑啼聲之悟》，它宣示說：

多從未偏離於一。

萬物超越其世俗概念。

萬象唯心所造，遠離善惡二元對立。

萬事本自圓滿無缺，

超越人為造作之弊，

任運自然專注於當下。

在毗盧遮那離開印度時，吉祥獅子指著天空，唱起歌來：

浩瀚廣大的真理是永無止盡，

但若了悟如本性，

萬事本自圓成，

無所欠缺。

有何力量或成就能超越它？

毗盧遮那離開獅子大師後，旅居於煙霧火葬場內，禪修那些不可思議的不二法教。在一次正觀中，他見到了第一位大圓滿的祖師噶惹多傑，從他那裡領受了六百四十萬偈頌的瑪哈阿底。

笑喜金剛噶惹多傑對他唱道：

內在明覺，本具開悟的純淨自性，

自始即為佛性。

心如虛空：開闊、無礙、非真、不生亦不滅。

瞭解萬象的單一實相，

並如是保任，

於真正禪定中，自然安住、無修而入。

　　最後毗盧遮那憑藉著一種叫「神足」的瑜伽力量，以不可思議的速度回到他的家鄉西藏。在一個深夜裡，他把大圓滿教法秘密地傳授給藏王赤松德贊。在毗盧遮那漫長豐碩的一生中，培養了許多成就證悟的弟子。最後，他在尼泊爾荒野森林裡證悟了圓滿開悟的虹光身。

格聶

　　即居士，又名「近事男」，是受皈並守護居士五戒而可居留俗家的男性，也就是指在家行持佛法的佛教徒。其梵文音譯為優婆塞或鄔婆索迦。居士中又可分為六種：歸依居士、一戒居士、數戒居士、多戒居士、圓戒居士和梵行居士。

清澈的認知

就修持而言，捨棄自我，是肯定「真我」和顯現「生命」之喜樂自在。所以說，在捨棄自我之後，人才發現到最大的歡喜，就是「實在」和「恆常」的喜樂。

秋旺上師是寧瑪舊譯派五位高貴的伏藏師之一，在他還是個孩子時，就受到了渡母、文殊師利及金剛薩埵的加持。

在他三十歲那年，一卷黃色的羊皮紙從天而降，落入他的手中，裡面含有十九種伏藏。

他在一次正觀中見到銅色山淨土，蓮花生大師告訴他說：「這殊勝之道是用來服務他人的。如果有了自私的念頭，證悟的路途就會加長。菩提心是眾生最究竟的恩賜，因為傳播了解脫之道。不要執著地留在我的身邊，我無所不在。」

秋旺上師有個來自加德滿都山谷的尼泊爾弟子，他的名字叫巴羅。巴羅實際上是他的上師秋吉旺秋為佛陀的化身，也就是蓮花生大師本人。

巴羅並不尋求其他的本尊，而是主修上師相應法。他與開悟上師的佛心相互結合而得到開悟。

誠如常言所說：「如果一個人視上師如佛，他就證得佛果；如果一個人視上師如菩薩，他就成為菩薩；如果一個人視上師為凡夫，他就永遠停留在凡夫

之地。」

一天，秋旺上師用手指按住巴羅的胸，大聲喊道：「要認清這個所謂的自我！」在那一瞬間，巴羅的執著和分別心的偏執突然消失，如虛空般浩瀚、開闊和光明的佛性立刻顯現。

秋旺上師開示道：「不要偏離這如水晶般清澈認知，這個名為『我』的空幻本質。在那大光明中，無一物可修，無法修亦無所修，那才是眞正的禪修！」

就在此時此刻，尼泊爾弟子體悟到絕對、無緣起、本具大圓滿的精要，超越有爲，沒有執著或偏見，不爲任何習氣污染。

巴羅問道：「縱使過去、現在和未來諸佛示現，我對祂們都將無所求。我仍應照原計畫往印度朝聖嗎？」

秋旺上師回答：「如果這世上有佛，卻不明示輪迴流轉之相，祂將犯了沉溺於涅槃寂靜之罪。我的心子，到印度聖地去吧！不惜一切地去吧！」

秋旺繼續說：「服侍上師是證得與師相同證悟最迅

捷的法門。如果你找到一位證悟的上師，一定要用各種方式圓滿他的願望。在你教育弟子時，一定要啟發他們內在本具的佛性。如此經由侍師與授徒的方式，等視正法與眾生。」

巴羅謹記上師的囑咐，在他離去之前，這位尼泊爾弟子供養秋旺上師六十量分的金粉。秋旺上師完全沒有物質的執著，他把金粉和麵粉混合，投入火爐內燃燒來供養飢餓的靈魂。不久之後，巴羅把他剩下的三量分金粉也供養上師。秋旺這些金粉供養給了空行母，他將金粉撒入附近河裡，並持誦祈求文和咒語。

秋旺上師在河邊唱了一首小曲：「如果有人傷害了神聖之物，即使是你的親生兒子也應驅逐出去。如果有無名乞者為寺廟服務，要尊敬他，因為眾生是平等的。」

薩迦派中的「薩迦」（sa-skya）

藏語意為灰白色的土地。薩迦派採用款氏家族世代相傳的傳承方法。代表人物有薩迦五祖。薩迦派在顯教方面注重經論的翻譯及辯經。此派寺院圍牆塗有象徵文殊、觀音和金剛手菩薩的紅、白、黑三色花紋，俗稱「花教」。教主由貢卻傑波家族家傳而世代相承。明朝冊封薩迦派首領昆澤思巴為「大乘法王」。第五祖八思巴（「聖者」的意思）被元世祖忽必烈封為帝師，進封「大寶法王」。現在塔公的塔公寺（花教寺院）內，還珍藏著八思巴在石頭上留下的腳印。

比丘和金象

如果我們放眼從累生歷劫去看，那麼一切的眾生，誰不曾做過我的父母、兄弟姐妹、親戚、眷屬？誰不曾做過我的仇敵冤家？如果說有恩，個個與我有恩；如果說有冤，個個與我有冤。這樣子我們還有什麼恩怨親疏之別呢？

釋迦牟尼佛在世的時候，有個俊秀的男嬰出生在摩竭陀國一個富有家庭，家人給他取名為果帕拉。在他出生時，一頭金色的大象出現在他家的儲藏室裡。

一位占卜師觀察星象，告訴他的雙親說，這男孩前途遠大，金象代表他以後必將大富大貴。家人聽了都歡喜若狂。

男孩和他的寵象一起長大，他們每天都在一起，難分難捨，不論果帕拉走到哪裡，金象都跟在他身邊，有時還會留下一小堆的金色的糞便，這令大家十分驚訝。許多人都好奇地想知道，那閃亮的排泄物是不是真正的黃金，但總是找不到機會。

男孩和他神奇寵象的故事傳到善嫉的王子阿闍世耳中。由於垂涎那頭象的財富，他決計不惜一切代價要得到那頭金象。阿闍世繼位為國王後，立刻命令果帕拉將那頭神奇的象獻給他當做禮物。他還為此頒佈了一道法令：「所有珍寶，例如金象，都隸屬皇室所有，不該被老百姓當寵物玩弄。」

年輕的果帕拉對他父親說：「國王要從我這兒奪走我的金象，我們同時出

生，情如手足，我是不會給他的！」

他父親回答說：「國王善嫉又自大，他會不計一切代價得到他要的東西。如他所命令的，讓我們去見他吧！或許正義將得以伸張。」

果帕拉和他父親騎著金象來到了皇宮。當他們被引見給阿闍世王時，父子齊聲說：「國王啊！願您快樂、健康。」貪婪的國王隆重地款待了他們，然後命令他們退下，並要他們為了國家及全體人民的利益把金象交給他照料。

果帕拉一臉失望地看著父親，後者平靜地牽著男孩的手，向國王道別。

當他們走出了皇宮，果帕拉發現金象在森林邊等著他們，便歡喜地哭了起來。

父親告訴他說：「兒子，昨晚我夢見當國王想騎金象時，牠突然沉入地下，然後就出現在我們自己的庭院中。這是一個很好的預兆，因此，當我們今天面見國王時，我一點也不懷疑。現在，正義的力量和神奇的金象又回到我們身旁，讓我們為謙虛和正義美德歡呼吧！」

果帕拉心想：「連一國之君都要竊取臣民的財富，世俗生活實在是太可怕了！」於是，取得父母的同意與祝福後，年輕人騎著金象跟從佛陀出家了。

遍知的佛陀已經了知一切，當男孩恭敬地步行走近時，佛陀說出了堅決的話：「善來比丘，已得清淨！」

佛陀用來剃度比丘的命定話一說完，年輕的果帕拉立刻現身成一位年輕比丘，他烏黑油亮的長髮不見了，頂著光頭，身著黃色僧袍，彷彿他一直就是一

位比丘。一個乞食的缽出現在他互握的手中。

在那一瞬間，他的心寂靜，專注力完美，於是迦諾迦伐蹉比丘在這裡誕生了。

當年輕的比丘步入森林做每日黃昏的禪修時，金象早早地在那裡等著他，他們再次形影不離了。

迦諾迦伐蹉最後慢慢地領悟到，所有世間追求的空幻、不滿足本質以及所有財富與經驗都是過眼雲煙。他已從執著的最後點滴，甚至是他最寵愛的金象中解脫了。可是，金象仍執著地跟著他不肯離去。

經過更深的禪定，年輕的比丘終於現觀究竟真理，證得阿羅漢果。大眾開始追隨他並歡喜地聽他溫和的開示。

有一天，一些商人被那頭金象和牠的神奇糞便所吸引，不論阿羅漢和他神奇的象走到哪裡，都會感受到他們製造的紛亂。這些事件很快引起了佛陀的注意。

佛陀對迦諾迦伐蹉說：「因為金象的糞便類似虛假的金塊，引起世俗爭吵的錯亂情緒，並造成大騷動，已侵犯到僧伽平靜叢林的和諧氣氛了。」因此，雖然那位善良的比丘並無過錯，但金象必須離開。

迦諾迦伐蹉稟告佛陀說，他自己已好

幾次試圖摒除這個他世間最後的牽連，但那頭忠心的寵象卻一直不肯離去。迦諾迦伐蹉有些傷感地說：「我替牠難過，長久以來牠對我這麼忠心，我如何能捨棄我可憐的兄弟呢？」

佛陀說：「眾生平等有如兄弟，年輕的比丘，眾生都平等地想得到解脫，不要流於偏愛。」

正覺者又告訴弟子：「你的金象是你的善果。這善業源於你多生前慷慨地供養一座白色大象雕像，那是迦葉佛為利益眾生從無色界投入母胎時所騎的象。現在對牠說以下的話：『我不再需要你了，好朋友。由於證得解脫，我已經實現了生命的意義，現在，你也必須得到解脫。』對牠說三次，用你的祝福和誠摯的善意送牠上路吧！這樣牠也能獲得解脫。沒有什麼比幫助我們所喜愛的人從無明和執著中解脫出來更好的了。」

仁慈的迦諾迦伐蹉按照佛陀所勸告的話，向他摯愛的朋友說了。金象立刻在他眼前消失了，投生到天界，最後也得到解脫。

仁波切

　　是藏文（ rin-po-che ）的音譯，意指「珍寶」或「寶貝」。這是廣大藏族信教群眾對活佛敬贈的最親切、最為推崇的一種尊稱。廣大藏族信徒在拜見或談論某活佛時，通常稱「仁波切」，而不直呼活佛系統稱號，更不直接叫其名字。在活佛的多種稱謂中，「仁波切」是唯一普遍使用的一種稱呼。

咖哩蘿蔔醬

「我執」是修行者的最大敵人，它能阻礙智性、蒙蔽真理。如果沒有透過克服我執的修持，你可能還是隨波飄蕩在宿命的生死海中，做了「我執」的忠實奴隸，而與「大自在」絕緣。

古代印度有這樣的習俗，一個已達超越的瑜伽士，娶一位不同階級的女子，可以打破嚴格的等級障礙。許多密續的修行者會修雙身合一法，將她娶為配偶，據說一位相當成熟的年輕處女，將可促進瑜伽士精神上的發展與成熟。

薩惹哈在森林裡享有神秘的獨思以及密乘瑜伽的喜悅。當這個狂瑜伽士薩惹哈與一個低階層十五歲的女僕交往，並帶她回到森林時，鬚髮斑白的老者搖著頭，村民更是七嘴八舌地議論不已。女孩對這位狂慧的大師非常恭敬，因為薩惹哈帶她離開了以前的生活，突然敲開了她生命幽暗恐怖的地窖，放進了七彩的陽光。她讓薩惹哈專心日夜修行瑜伽，自己張羅生活所需。她就這樣服侍她的主人上師。

一天，薩惹哈一反常態地大叫：「端一盤咖哩蘿蔔醬給我！」平日他通常有什麼就吃什麼，對食物也沒有特別的興趣。

女僕準備了咖哩醬。她把醬放在一個以葉子編成的盤子上，放在薩惹哈前面，同時也準備一些牛奶做成的酸乳酪。她注意到薩惹哈正處於甚深禪定，沉迷在神秘的情緒中，而無視外來的干擾；因此她讓他安靜地坐在那裡。十二年

過去了，薩惹哈一直在禪定中，動也不動。

一次，他突然站了起來，叫道：「女人，我的咖哩蘿蔔醬在哪裡？」

女僕驚訝地說：「瘋狂的上師，蘿蔔的季節早就過去了。十二年來，您一直專注在禪定中，像一個蘿蔔插在土裡。現在您卻還要那盤醬！這是哪一種禪定？」

「盤起雙腿以蓮花姿勢坐著，那不是真正的禪修。」她繼續說：「在荒山野外離群索居，那也不是真正的隱居。真正的隱居是指遠離散亂和分別心。但是您十二年來坐在那裡，心裡執著於一個蘿蔔的幻想！您究竟是哪一種瑜伽士呢？」

薩惹哈被那位年輕空行母憤怒地責備喚醒了。後來這一對夫婦都證悟了究竟實相——大手印的本具淨光。他們的肉體沒有經過死亡，便離開這個短暫的世界，並在空行淨土達到精神的證悟。

文殊怙主

藏語稱「絳貢」，為藏族佛教徒稱讚自己所崇拜的對象（如某法王或上師活佛）為文殊菩薩的化身時所用的尊稱。還可進一步稱作「絳貢喇嘛」（文殊怙主上師）或絳貢卻吉傑保（文殊怙主法王）。

阿底峽的開悟

禪者說：「日出方知天下明，無油怎點佛前燈。」如果你心中沒有「慈悲」，沒有「覺悟」，那怎麼能夠進入佛法深處呢？

阿底峽是東孟加拉的王子。年少時，他在夢中曾得到綠渡母的示現，勸誡他不要為世俗有刺的誘惑物牽絆，並告訴他在過去五百五十二生中他已經是一位具足戒的僧人，並且是個博學的班智達，解救眾生脫離輪迴的苦海更是他義不容辭的使命。

阿底峽認清重續自己的業力使命的必要性，毅然放棄了世俗的生活，出家為僧。他四處尋訪證悟名師，在他們座下學習。在密續上師羅剎羅的教導下，阿底峽研讀佛教三藏所有經典及梵文大乘經論，並按照那個時代的習慣，背誦了許多經典以及相關的註釋。他成了一位博學、有成就的大法師。

一天，阿底峽疑惑地自言自語道：「哪一條路能最迅速地直接引向開悟呢？如果遵循大乘菩薩道，必須在無量無邊之中救渡他人，才可達到涅槃寂靜。那麼還有可能達到開悟嗎？」

「我要怎樣才能到達涅槃彼岸呢？」這位年輕學者嘆息著說。

這時，具有神通的羅剎羅上師突然召喚阿底峽，彷彿洞悉了弟子的想法。羅剎羅告知阿底峽說：「所有形式的自我關懷都無助於圓滿證悟，無論是幻想，還是禪定的專注以及學問和辯論技巧，甚至涅槃經驗本身到頭來都是毫無

用處的。如果能精進不懈地常養菩提心，發展無緣大慈、同體大悲才會真正的開悟。」羅剎羅上師還預言他的弟子和大悲觀世音菩薩一樣，終將證得自利和利他的最高成就。

「忘卻自己的利益，多關懷他人的福祉。」羅剎羅勸誡道：「執著於自我是不滿足和痛苦的根源，要將別人看得比你自己更重要。如果你愚昧地避開輪迴而追逐涅槃，要得到絕對的解脫是很困難的。最好是超越這二元對立的觀念，了悟到無分別，使一切事務達到圓滿，寂靜常樂才可以獲得。」

不久，阿底峽在菩提迦耶這個佛陀證悟的聖地，繞行大佛塔時，遇見兩位莊嚴的年輕女子。她們站在靠佛塔南邊的蓮花池畔，長得實在是太美了，絕不是凡人。

其中一位問同伴：「什麼是達到圓滿開悟的最好修行方法？」

同伴回答：「無我的菩提心是成佛的大道。一個人如何能轉身棄他人而不顧呢？」

第二天，阿底峽又去繞行佛塔及塔旁的菩提樹，釋迦牟尼佛曾在那棵樹下靜坐得道。阿底峽聽到一位老醜的乞婦告訴一位年邁的痲瘋病人說：「平等的慈悲心和菩提心是超越苦海、獲得圓滿開悟的最好方法。」她解釋道：「設身處地多為他人著想，放棄自私自利的想法。」

阿底峽心想：「這裡的每一個人，從最尊貴的到最卑賤的，都知道開悟的最好方法，我為什麼還要猶豫不定，有所懷疑呢？」

第三天，阿底峽手持念珠緩緩地繞行聖殿，他看見一隻小鳥棲息在觀世音菩薩像的膝上。他聽見佛像對小鳥說：「捨己為人的菩提心是圓滿證悟的最好方法。優先考慮他人，將勝利和光榮歸於他人，自己來承擔失敗。」就在這一刻，阿底峽心中所有的疑惑都煙消雲散了。

當阿底峽凝視菩提樹下金色佛像的寧靜容顏時，他突然瞭解蘇門答臘島上的金洲大師是真正護持珍貴菩提心的上師。他尋訪到金洲大師，在這位上師座下修習十二年，最終成為他的法嗣。

阿底峽尊者到了晚年時，已經成為備受歡迎的上師，每當他提到金洲上師的名字時，總是合掌當胸，閉上雙眼並微微行禮。阿底峽從這位慈悲的上師處學到了獨特的「自他交換」，將自己置於他人的處境，將他人的負荷承擔起來。這成為噶當派一個特殊而主要的修持方法。

阿底峽在印度本土成為一位偉大的法師，並住在譯戒香寺。許多年後，幾位西藏皇室使者滿載黃金來迎請他到西藏教學。阿底峽向觀世音菩薩和渡母祈禱請求指引，詢問他到西藏是否能真正利益彼邦。渡母告訴阿底峽，如果他願

意前往，將對這雪國有莫大的幫助。然而，如果他前往西藏，將於七十二歲死在異國他鄉；如果他留在印度，可以活到九十二歲的高齡。阿底峽為了真正實現無我的菩薩誓願，長途跋涉去了西藏。

阿底峽改革了西藏的佛教與社會，重整道德做為佛法的基礎。在西藏，他授的佛教皈依戒實在太多了，藏民都稱他「皈依班智達」。在阿底峽七十二歲那年，果如預言，這位佛法導師圓寂了。

藥師佛

藏語稱「桑傑曼拉」，簡稱「曼拉」。佛書說是救渡眾生疾苦的如來，居東方淨琉璃世界，故稱藥師琉璃光如來，為藏傳佛寺中曼巴紥倉（醫明學院）的主要供養對象。

第五章

道德篇

對流浪漢頂禮

　　用平常心來生活，用謙卑心來待人；用誠心來處事，用菩提心契佛心。名望與地位是虛幻的，謙虛更令人敬仰。

　　巴楚仁波切是一位得證的大師，也是十九世紀末大圓滿的集大成就者，他經常身穿藏民用手工縫製的羊皮長褂外衣，匿名在東藏各地行走。很少人認出他就是他們所企盼見到敬仰的喇嘛。他雖然過著流浪漢般的生活，卻是當時最著名的精神導師之一。時至今日，人們對他記憶猶新，他是鼓舞藏傳佛教所有修行者的靈感泉源。

　　一天，巴楚仁波切在路上遇到一群喇嘛，他們正要前往拉薩朝聖，巴楚仁波切請求這些人帶他一起去。帶頭的喇嘛上下打量了他一番，看見他衣衫襤褸，態度謙卑，不像一個作惡的人，便答應了下來。其實這些人根本不知道他的真實身分，只是把他看成一位尋常的托缽修行者，一路上指使他煮奶茶、砍柴薪，並侍候那些出家眾。巴楚仁波切毫無怨言，很高興地做這做那，就這樣，他們長途跋涉穿過東藏偏遠的康區。

　　在行進的途中，他們聽說附近有一位傳法上師在給一個顯要的喇嘛口傳金剛乘的灌頂及開示教法，這群人便匆匆地趕去參加。他們抵達時，看見寺院外面拴著許多馬匹，精美的馬鞍、花彩將這些坐騎裝飾得十分華麗。從寺門開始一直到上師的法座前，都用氈子舖地，一些僧侶排列兩旁，用長管號角、海螺

貝殼及銅製喇叭奏出和諧的天樂。寺院裡所有的喇嘛、信徒以及出家眾都戴著華麗的帽子、寶冠以及各種垂飾物，每位尊貴的喇嘛都被迎請到法座上，法座的高度視喇嘛的地位而定，接著法會的儀式便開始了。

在灌頂儀式結束後，所有的人都來到傳法上師面前供養，並領受上師放在他們頭頂上的加持。巴楚仁波切安靜地站在隊伍的最後，等待著加持。隊伍緩慢地向前移動，人們一個接一個地在上師的法座前頂禮，並供養一條白色的哈達，同時接受上師的加持。

剛開始時，上師還將他的手放在人們的頭上，可是朝聖的群眾實在是太多了，最後只得用一根長長的孔雀翎輕輕地劃過每個人來表示加持。整個過程一直持續到黃昏，當最後一個流浪漢站到傳法上師的面前時，那位傳法上師驚愕地張大了嘴，他簡直不敢相信自己的眼睛，面前這個衣著骯髒又邋遢的人，不就是尊貴的活佛——那位至高無上大圓滿上師巴楚仁波切嗎？

傳法上師趕緊下座，虔誠地俯跪在地上，在圍觀群眾的瞠目結舌下，將手中的孔雀羽毛供養巴楚仁波切，並對這位面帶微笑的聖人再三頂禮膜拜。

密宗的神像之大日如來

梵語稱為「摩訶毗盧遮那」，「摩訶」意為「大」，「毗盧遮那」意為「日」，合譯為「大日」，又因「毗盧遮那」另譯為「光明遍照」，所以又稱「遍照如來」。他是藏傳佛像密宗崇奉的最高、最主要的本尊，認為密宗教法是由他秘密演說的，因而尊他為密教始祖。其像在密宗殿中居最中央位置，其形象類似於釋迦牟尼的坐像。

普賢王如來語錄

老子曰：「上德若谷，大白若辱，廣德若不足，建德若偷，質真若愚。大方無隅，大器晚成，大音希聲，大象無形，道隱無名。」他告訴我們凡事不要只看外表，而要重視內容。

嘉華・蔣秋是精通密續的證悟者，他曾預言巴楚仁波切是觀世音菩薩的化身，並且還會到東藏的德格來。那些用世俗的眼光來看待事物的人，是無法認識他的，他只會被視爲衣衫襤褸的乞丐、一個四處化緣的流浪漢，混跡於他們之間。

一切都不出其所料地發生了……

一次，巴楚仁波切流浪到德格境內噶朵附近的山區，那兒有好幾座大舍利塔，巴楚在那裡受到一位嘉絨老喇嘛的熱誠招待。嘉絨老喇嘛對這位虔敬的行腳僧說：「你對佛法似乎有很大的興趣，關於實際的修行，你又能領悟多少呢？」

博學多才並且有大成就的巴楚仁波切謙虛地回答道：「正法是深不可測、浩瀚無邊的，這些年來，我學到的不過是一些零零星星的皮毛罷了，根本談不上領悟。」

嘉絨老喇嘛將巴楚仁波切叫到自己的身邊，一臉鄭重地對他說：「用心聽著，我有一部佛門經典，它是上師巴楚仁波切的近作，書名叫《普賢王如來語

錄》，裡面詳細地闡述了佛法教義的基礎知識，其中還有許多奇聞軼事和真知灼見。如果你願意學習，我可以解釋給你聽。」

巴楚仁波切誠懇地點了點頭。老喇嘛首先給他解釋了書上前面幾章關於口述傳承主要教法的幾個重要論題，然後又教他輪迴轉心的向法。這些知識都是巴楚仁波切親自收集整理的，早就領悟透徹了，但他仍然正襟危坐，謙虛地聽著。雖然有些問題老喇嘛講得並不是很清楚。老喇嘛對這位認真的學生十分欣賞，他盡心盡力地詳細解說每一個問題，彼此都很快樂。

幾天後，附近的人們聽說著名的巴楚仁波切將要在噶朵寺說法，便爭相前來。巴楚仁波切花了很長時間來繞行舍利塔，按照他神聖的看法，舍利塔是過去、現在和未來所有證悟者的靈魂棲息地。一些來自劄秋喀的喇嘛也在繞塔，他們一看到巴楚仁波切，立刻就認出他來，全都跪倒在塵土中向他禮拜。這時人們才知道，尊貴的巴楚仁波切早已到達此地了。

當天晚上，嘉絨喇嘛興高采烈地從市集回來，告訴所有的人，巴楚仁波切本人已經來到噶朵，並且很快就要在寺院講經說法。

他對那個匿名的行腳僧說：「你知道嗎，偉大尊貴的巴楚仁波切上師就要來了！他就是我們正在研讀的那本書的開悟作者，能和他如此近距離的接觸，真是讓人激動萬分啊！」

巴楚仁波切似乎一點也不在意，他淡淡地說：「這個巴楚仁波切到底有什麼特殊的地方呢？他或許只是個平庸的喇嘛，與常人無異，我們不能迷信他身上所加諸的光環，誠如佛陀開示：『依法不依人。』」

老喇嘛聽後，氣得鬍子都翹了起來，一邊打他一邊大聲地痛斥道：「你膽敢對尊貴的師長如此的無理？我真應該把你趕出這個公正的住所！你要對巴楚仁波切活佛保持起碼的敬畏之心。」

兩天後，巴楚仁波切坐在噶朵寺弘法的寶座上向數千群眾說法。當時，嘉絨喇嘛也在場，當他看到自己先前的學生莊嚴地坐在法座上，立刻明白了之前所發生的一切。他想到自己對上師的冒犯，心裡十分羞愧，紅著臉離開了，再也不曾出現於噶朵地區。

這件事傳到巴楚仁波切耳裡，他微笑地說：「這實在是太糟了，或許他真的在生我的氣。他是一個博學多才的老師，在為我解說轉心向法時，語言是精闢的，見解也十分獨到，那也是我從未厭倦的思維。我真誠地希望並祈禱我仁慈的老師，能獲得至高的寧靜，並希望所有眾生都能得到開悟。」

密宗金剛持

梵語音譯為「伐折羅陀羅」。「伐折羅」即為「金剛杵」，「陀羅」是執持義，故合譯為「持金剛」或「金剛持」，藏語稱「恰那多吉」。他是藏傳佛教噶舉派崇奉的本尊佛。藏密認為他是釋迦牟尼講說密法時所現身相，故又有「秘密主」之稱。

羊糞供養

　　不需要太多的聰明，心誠則靈。一顆透明的心所發出來的光，可以穿透世俗那道冷漠的牆。

　　七世達賴喇嘛格桑嘉措一向深居簡出，但他迫切希望眞正瞭解他的子民的實際生活和內心的想法。可是僅僅從布達拉宮——他的象牙塔裡往下望拉薩，是無法眞正瞭解他們的願望和需求的。

　　於是，這位西藏的政教之王決定進行一次微服私訪，他裝扮成一個朝聖者，用一頂有長帶子的帽子遮住臉，就獨自步行出發了。他匿名到過許多地方，所到之處人們都把他當成一般的朝聖者看待，根本沒有人會想到他就是活佛，因爲大部分的西藏人都不曾見過他的容貌。

　　一天，格桑嘉措在衛地的南部，靠近陽卓的鹽湖，邂逅了一位牧羊人。陽卓巴（註：藏族人慣用，指來自陽卓的人）熱情地邀請這位獨行的旅人來自己的帳篷過夜。第二天一早，客人告訴這位目不識丁的牧羊人，如果將來他去拉薩朝聖，一定要到格桑嘉措的房子裡做客，在那兒可以得到熱情的款待。格桑嘉措再三向牧羊人保證，那間房子極容易找到，因爲在拉薩城裡無人不知他的名字。隨後，兩人便友善地分別了。

　　幾年後，這位牧羊人去拉薩朝聖，那是一個漫長而又艱苦的旅程，他一路祈禱和跪拜，經過數月之久，才來到拉薩。當這個朝聖者置身於布達拉宮前的

大廣場時，面對自己從來沒有見過的城市感到十分孤單和迷茫。

這時，他突然想起幾年前格桑嘉措對他說的話，便操著方言土腔，大聲叫道：「誰能告訴我，格桑嘉措的房子在哪裡？」

話音剛落，兩個兇悍的士兵立刻逮捕了他，並將他關進了牢房。人們是不會相信這個鄉下人曾得到他們尊貴國王的邀請的，這個鄉下人也不明白，為什麼自己問了幾聲「格桑嘉措的房子在哪裡」便招致了牢獄之災。

鄉下人在大庭廣眾之下公然叫喊活佛名字的消息，很快傳到了達賴喇嘛的耳朵裡。格桑嘉措得知這個鄉巴佬的困境後，立刻吩咐人請他過來。

牧羊人從土牢裡被帶了出來，他一臉困惑、戰戰兢兢地跨過無數石階，來到高聳巍峨的皇宮，進入像迷宮般的內庭。當他來到國王內室的門口時，便低著頭站在那裡，忐忑不安地等待國王的傳喚。

這時，達賴喇嘛正耐心地等著他的客人。格桑嘉措坐在華麗的法座上，一條鋪著精美毯子的長椅正等待著貴客的光臨。

當陽卓巴將腳踏入內室時，他簡直不敢相信自己的眼睛，張著大嘴驚訝地說不出話來，但他機智地抑制著激動的心情，不去詢問主人顯赫的身分。他進入那間私人的會客室，依照傳統的習俗，向達賴喇嘛行了三個跪拜禮，並獻上一條白色的哈達，然後小心翼翼地坐在主人的對面。

格桑嘉措親切地歡迎他的老朋友，招呼他坐到那張鋪著華麗毯子的長椅上。陽卓巴從來都沒有見過這麼美麗的絲毯與五彩的華麗錦緞，連連擺手說：「讓一個渺小的牧羊人坐在本尊的法座上是不吉祥的。」他對微笑的達賴喇

嘛做出了如此的解釋。這個天
真的陽卓巴上下打量了一番室
內的裝飾，不斷地讚嘆，他又
接著說：「尊敬的格桑嘉措老
友，你坐在那麼高的錦墊上，
讓我想起了爬在最高的峭壁
上的藍羊，你是怎麼上去的
呢？」格桑嘉措微笑著看著這
個天真的牧羊人，眼裡裝滿了
慈悲。

接著，這位沒有見過世面的鄉巴佬開始對他朋友冷冰冰的地板表示了關
心。「你的豪宅雖然華美，但是太冷了，不過不用擔心，我有辦法。」陽卓巴
向主人保證說：「我一回到陽卓湖，就立刻運一車羊糞來舖你的地板，我們那
裡再窮的人地板上也舖著乾羊糞。」聽到他的話，那些肅穆的侍者和博學的老
教師們都忍不住笑出聲來。達賴喇嘛卻很誠意地接受了牧羊人的供養，並禮貌
地問著陽卓巴的住所、家人、健康和旅途中所遇到的問題。

在分享了彼此許多有趣的逸事和純樸的故事後，陽卓巴站了起來，因為他
還想到拉薩其他的聖地去朝拜。他想到拉薩的中央市集去逛逛，給妻子和孩子
買些禮物帶回去。況且，他朋友華麗冰冷的廳堂也使他感到很不自在，對他樸
實單純的嗜好來說簡直是太過奢侈了；至於寧靜與舒適，他寧可留在家中與羊
群相守。

達賴喇嘛問陽卓巴需要什麼東西來做彼此間互敬的信物。陽卓巴對滿屋的古董、鎏金的法器、華麗的畫軸、掛在牆上的絲繡品、象牙、珠寶、銀器或翡翠看都不看一眼，只是十分羨慕地盯著格桑嘉措的髮髻。

他小聲地問：「有紅色的彩帶嗎？我想在頭上梳個髻用它來綰頭髮。」他渴望將頭髮梳得整齊，就像好友格桑嘉措的一樣。

達賴喇嘛隨即答應了這個單純的請求。他把這個樸實的朋友招到面前，用自己清淨無染的雙手將陽卓巴那頭久未洗濯、滿是蝨子的頭髮編好，盤成一個頂髻，在自己烏黑油亮的髮髻上取下一條紅色彩帶，親自替他紮上。

達賴喇嘛梳著兩個頂髻，每天早晨都由恭敬的僕人用紅絲帶綰起來。這次，他僅僅在牧羊人粗糙打結的頭上綰了一個髻。

陽卓巴興高采烈地告辭離開了，依然不知道主人真實的身分。許多年過去了，尊貴的達賴喇嘛還經常訴說他從「陽卓巴老友」那裡聽來的無數趣聞。

大黑天

梵語為「摩訶迦羅」，藏語稱「瑪哈噶拉」，又譯為「救怙主」。他原是古印度的戰神，進入佛教後，頗受密教崇奉。藏傳佛教密宗說他是觀世音菩薩化現的大護法。在藏密中，他既是護法神，又是密宗修法所依止的重要本尊。據說他的佛法《大黑天神秘密成就次第》十分秘密，不是入室弟子不得傳與。

慈炯與老婦

　　欺騙是一種不好的行為，可是在有些時候，善意的欺騙卻能達到好的效果。

　　西藏有個流傳許久的習俗，那就是一些虔誠的信徒經常會邀請博學的僧侶到他們家裡來誦經。誦經的時間有長有短，有時數天，有時數週，或者更長的時間。透過誦經，可以幫助主人累積善業和福德，保存教義，並傳播佛法，以期證得開悟。

　　有一次，一位寧瑪派的喇嘛應主人邀請來到這戶人家的佛堂裡，一連幾天都大聲唸誦大乘經典和大圓滿的密續。他對這些深奧的經典不是很熟悉，結結巴巴地唸錯了不少字。

　　在習慣上，這些誦經的喇嘛都是快速唸誦經文的，功德主家人也很少會去仔細聆聽，所以這個喇嘛並不擔心他的缺失。當碰到不會的字，他就低聲喃喃地敷衍過去。

　　過了幾天，主人家不識字的老祖母走進喇嘛誦經的房間，她吃力地在地板上恭恭敬敬行了三個大禮拜，然後向喇嘛敬了一杯奶茶，便坐下來聆聽誦經。喇嘛唸了一會兒，便停下來在面前雕刻精美的矮桌上端起木質茶碗，準備喝熱騰騰的奶茶。

　　這時，老祖母開口說道：「從我很小的時候，這個家族就保持著對佛祖虔

誠的信仰，每年在這個房間裡都能聽到唸誦經典和密續的聲音。」說著，臉上流露出一絲安詳的笑容。她略微停頓了一下說：「那些尊貴的喇嘛們每年都會唸誦放在您前面的那部經文。不論我在房間的什麼地方，都會聽到他們不斷地重複唸『惹炯，惹炯』這個詞。可是，尊貴的喇嘛，您似乎不曾唸誦到『惹炯』這個詞，這到底是什麼原因呢？是您讀得不好呢？還是我這個老太婆聽力衰退了呢？」

這個並非是最好的喇嘛，這時卻很圓滑地回答道：「親愛的老媽媽，我唸的一點問題也沒有。事實上，我們才開始唸誦記載『惹炯』的那段經文！」說著，他很伶俐地翻到下一頁，抑揚頓挫地唸了起來，每四句就重複一次「惹炯」這個詞，以便使老媽媽高興。

祖母很滿意地笑了，贊同似地點著頭，並繼續數著她的念珠。她認為功德正在一點點累積，世上的一切都順心隨意。

密集金剛

密集金剛又稱密聚金剛，梵名為「庫夫雅薩瑪迦」，藏名為「桑克」，是藏密格魯派崇奉的五大本尊之一。此金剛形象為雙身。主尊身藍色，象徵佛教最高諦理。有三頭，三面顏色各異，居中藍色，右邊白色，左邊紅色，表示慈悲和息災降魔兩種功德。每面有三隻眼，頭頂有雙金剛，與勝樂金剛相同。頭冠由五個花瓣組成，象徵五佛或五菩薩。有六隻手臂，分別持有金剛杵、金剛鈴、法輪、寶珠、匕首、蓮花六件寶物。

匿名的喇嘛

行善的快樂如春風吹拂綠草，似陽光普照大地，要從行善中獲得快樂，你必須具有春風般溫柔的心靈，陽光般廣博的胸懷。雖然行善者的初衷不圖回報，但行善本身如同播種一樣，收穫是在必然之中。

西藏康地人煙稀少，在居民稀疏之處有一座名字叫多珠千寺的廟宇。它是全能之吉美林巴大圓滿教法，也就是龍欽心髓的主要中心之一。第一世的多珠千仁波切和吉美嘉衛努古都是這裡在得到了吉美林巴的眞傳，成爲他的得意的門生，他們又一起培育了著名的弟子巴楚仁波切。

佛教中那些能力具足的大師，在遷識瑜伽時，可以從臨終者的頭頂頂門處，遷引亡者神識再生於天國淨土。在遷識的過程中，有些特別的外顯與內隱現象會發生，這些特定的現象，象徵著遷識過程的成功。多珠千仁波切和吉美嘉衛努古及他們的弟子巴楚仁波切，就曾做過一次精彩的遷識。整個過程是這樣的——

一天，有位老婦人去世了，家人把她停放在床上。她的遺族看到三個流浪漢從遠遠的地方向他們的房屋走來，一個年老的，一個中年的，還有一個年輕的。這三個人衣衫襤褸，全都穿著又髒又破的褐紅色袍子。老婦人的兒女們看到他們身上的衣服類似佛教僧眾的顏色，所以就把這三個人請進屋裡。他們想付些錢給這些流浪的瑜伽士，請他們幫死者修一些合適的法。

主人是個忠厚老實的牧羊人，他很恭敬地詢問道：「各位大師，能幫一幫我過世的母親嗎？這個地方方圓數十里都沒有出家的僧人，如果答應的話，我們就會用上好的物品供養你們的。」

那位年長的行腳僧答道：「我們不要求尊貴的供養，只要一些食物就可以了。我們會做一些所需的事情，來幫助你的老母親解脫到天國淨土。」他們三個人準備好了儀式必須的食物——多瑪，便開始了修「大圓滿心要」的功法。

這一家子人都用驚訝的目光，看著面前這三個衣著破爛的人有條不紊地進行著前所未見的神聖儀式。他們保持著安靜並且準備好青稞粉、水、奶油、穀、香，以及這三個人所需要的其他東西。他們都懷著美好的願望，期待著他們過世的母親能有一個像樣的葬禮。

「誰也沒有想到在我們措手不及的時候，這些窮流浪漢會前來幫我們的忙！」老婦人的兒媳慶幸他們意想不到的好運。

「至少他們知道怎樣擺個內行的樣子。」老婦人的小兒子唐突地說道。

只見那個最年輕的瑜伽士蹲在爐火邊，用熟練的手法塑做供養用的多瑪。這家人的小女兒當時正在廚房工作，看到那個年輕人就在自己的腳邊，有些礙事，便很不禮貌地像對待乞丐那樣，粗暴地要他滾到另一邊去。

「如果能請到真正的喇嘛就好了！」年輕女子的心裡多少有些遺憾，「我就不用忍受這三個流浪漢身上難聞的氣味了。唉！至少他們還能擺個樣子來修法超渡。」女子瞪了一眼那個年輕的僧人，心裡很是不滿。

那個年輕的喇嘛心裡明白她閃過的念頭，面對她的無禮，絲毫沒有生氣。

只是溫和地笑了笑一言不發地離開了灶子邊，換了一個地方繼續謙虛地工作著。很快，所有的準備工作都完成了。

在那三個瑜伽士開始修法時，屋中充滿一股肅穆莊嚴、令人敬畏的氣氛。僧人們虔誠地唸著經文，突然屋子上方出現了一道彩虹，再看往生的老婦人，有一些頭髮從頭頂落了下來，梵穴也開始漸漸地突起，神識就從那裡一躍而出轉生到佛國淨土中去了。全家人都大吃一驚，他們從來沒有料到會有如此神奇的事情發生。

「您們真是得道的高僧，創造了一個前所未有的奇蹟！」牧羊人鼓掌歡呼道：「為了表示我們的感恩，將供養你們三匹馬和一頭犛牛，讓你們的旅途也方便些。」

那個最年輕的喇嘛率先說道：「我們並不需要馬匹和犛牛，牠們對我們毫無意義，有了三匹馬無非是多了三匹馬的煩惱罷了！我們為死者修法一向都不要報酬的，就算你們把全部財產都給了我們，我們也不會接受的！」

主人殷勤地邀請他們留下來修法三個月，年老的喇嘛說：「我們還有重要的事要辦，您的好意我們心領了。」說著，就要向門外走去。主人拉著他們的

衣襟，熱情地挽留，說至少也得在這裡做客三天。接著主人又恭敬地向年輕喇嘛詢問他們各自的法名，他隱約地感覺到，這三個衣著樸素的行者並非是尋常的出家人。

年輕的喇嘛躊躇了一下，請示了一下身邊的兩位僧人，得到許可後才回答說：「你是否聽說過吉美林巴有名的法嗣多珠千仁波切？」牧羊人隨即就被震懾住了，猶豫了半天，才小心翼翼地問另一位尊貴喇嘛的姓名。

「他就是鼎鼎有名的大圓滿上師吉美嘉衛努古本人。」年輕的喇嘛說道，卻隻字不提自己的名字。

剎那間，牧羊人的全家人都跪拜在泥土上頂禮，請求大師們原諒他們的無知，他們對這三位大成就者依依不捨，於是決定送他們一程，就這樣陪著喇嘛們走了一天的路。

那個年輕的喇嘛就是雲遊僧巴楚仁波切——一位青出於藍而勝於藍的佛門大德。他的創作和完美無缺的人品至今仍激勵著人們一心向佛。

「活佛」稱謂的由來

活佛一詞最早出現於元朝。元朝皇帝忽必烈封薩迦教主八思巴為「西天佛子，化身佛陀」，之後，元朝人就開始稱西藏高僧為「活佛」，這時它指宗教修行中取得一定成就的僧人。到活佛轉世制度創立後，它才成為寺廟領袖繼承人的特稱。

巴楚仁波切的女人

請你用慈悲心和溫和的態度，把你的不滿與委屈說出來，別人就容易接受。

一次，巴楚仁波切去東藏劄竺喀北邊勾嬰的大草原行腳，中途遇見一個可憐的女人帶著三個小孩哭成一團，原來小孩的父親剛剛被一隻巨大的紅熊咬死，母子四人成了無家可歸的人了。

巴楚聽完這個不幸女人的哭訴，心中油然升起了大慈悲心，他好心地詢問他們孤兒寡母將要去何處。女人向面前這位衣衫襤褸、滿臉灰塵的流浪漢哭訴完她悲慘的遭遇後說：「我必須到劄竺喀去為我的孩子們乞討食物。那裡將舉行一場盛大的法會，乞食應該容易些。」

「唉呀！路途實在是太遙遠了！」巴楚一臉憂慮地說道。

接著，巴楚又建議道：「妳別自己走了，反正我也順路去那裡，沿途可以幫妳一些忙。別再猶豫了，我們一起走吧！」

他們相互扶持著走了許多天。白天，巴楚將一個孩子背在背後，婦人抱著最小的，年紀最大的孩子步行跟在身旁走。到了晚上，他們就睡在星光閃爍的夜空下，巴楚通常會把一個或兩個小孩放到他舊羊皮襖的夾層中，婦人則照顧其他的小孩。每天早晚他們都用營火來準備茶食。

路上過往的旅人都把他們當作乞丐來看待，沒有人知道這個背著小孩、風塵僕僕的流浪漢真實的身分，更別提那位沉浸於喪夫之痛、滿臉淚痕的寡婦了。巴楚和寡婦沿路到村落中乞食，他們討得了足夠多的烤青稞粉、牛油、犛牛乾乳酪和酸乳，賴以維生。

他們一路奔波，終於來到了劄竺喀。

一來到這裡，他們就各自分開出去乞食了。後來，巴楚似乎變得有些不高興，於是婦人就向他詢問舉止異常的原因。

「沒什麼，我有些事情要辦理，可是人們的閒言閒語使情況變得有些糟糕。」

「人們都說什麼了？您會有什麼事要辦呢？是在這裡嗎？」婦人驚訝地追問道。

巴楚不想多說什麼，只是簡短地答道：「沒什麼，我們走吧！」

當他們來到山坡旁的一座寺廟的周邊時，巴楚突然停下了腳步，轉過身來對婦人說：「我必須到寺廟裡去朝聖，過幾天妳再來，我會在那裡等妳的。」

這是婦人心裡最不想聽到的話，此時她已經習慣了這位新同伴給予的溫和、安詳、自在的氣氛，自從與巴楚同行後，一種無可言喻的寧靜和愉快慢慢地平復了她心中的哀傷。

她有些抱怨地說：「別再說蠢話了！我們還是一起走吧！您一直都很和善，千萬別拋棄我們！我們可以結婚，這樣至少我可以跟著您，得到您的保護

和安慰。我不明白為什麼，但是我覺得跟您在一起很快樂！」可是，這位上師已經下定決定，他堅決地說：「這是行不通的。我只是竭盡所能地幫助妳，可是人們的閒話閒語已經給我帶來了很大的麻煩。我們必須分開幾天，過些時日再到寺院裡找我吧！」巴楚踏著堅定的步伐走上了山丘，將婦人和小孩留在山腳下乞食。

第二天，整個山谷都傳佈著令人振奮的消息：「證悟的上師巴楚仁波切已經到達了，他將開示《入菩薩行論》！」聽到這個消息後，所有虔誠的信徒都匆忙趕到寺院裡，並用犛牛滿載食物和補給品以及帳篷等物，準備做長期的停留。

山腳下的寡婦也很高興地聽到了這個消息，她和大眾一樣激動。她想：「如此偉大的上師來臨，正是我以亡夫之名做功德的最好機會。」於是她拖著三個小孩急忙地趕到寺廟，並將乞討來的食物拿在手上當作供養。

巴楚仁波切到達寺院後，他吩咐僧眾說：「把人們供養我的所有食物都放在一起，我有位客人不久就要到來，會需

要這些東西的。」平時巴楚從來不接受供養也不聚斂任何財富，這一次著名的上師卻一反常態，令僧眾們十分驚訝，但他們還是恭敬地遵照他的指示去做了。

寡婦來到之後，在人群的邊緣找到了一個位子，這裡離上師的法座很遠，她仔細地聆聽著巴楚說法，卻沒有認出他來。直到當天的法會結束，所有結行的祈求文和功德迴向都唱誦完了，婦人走向法座前接受上師的加持時，她才一臉驚訝地發現她的旅行同伴正在仁慈的對她微笑。

這個驚愕的寡婦恭敬卻又有些惶恐地請求上師原諒，「請原諒我的冒犯，讓您背我的小孩，還向您提婚……」她哭著說。

巴楚仁波切笑了，安慰她不用擔心。然後向隨從說：「這就是我的客人，是她幫我來到這裡的。把放在一旁的奶油、乾酪和其他的物品都給她，她需要幫助。」

吉祥天母

吉祥天母藏語稱為「班丹拉姆」，是藏傳佛教各派都能供奉的女護法神，在西藏非常受尊崇。這尊吉祥天母頭髮成火焰形，頭戴五骷髏冠，臉龐消瘦，大眼圓睜，形象猙獰。四隻手分別持劍、戟、嘎巴拉碗等法器，胸前裝飾複雜的瓔珞，脖子上掛著用人頭和蛇身做成的項鍊。舒相坐在騾背上，騾子背部繫著人皮，腹部長著一隻眼，踏行在血海之中。

圓滿的佈施

　　真正的佈施，就是把你的煩惱、憂慮和執著心通通放下。在你貧窮的時候，你就用身體去佈施，譬如說掃地、灑水、搬東西等，這也是一種佈施。

　　巴楚仁波切把多年來所接受的供養都給了那些將真言刻在石頭上的藝術家，然後再將這些刻好的石頭堆砌成一面祈禱牆。用這樣的方法，他幫助了許多窮人和貧困的藝術家，並鼓舞他們去做更多的善事。

　　巴楚曾這樣唱道：

　　用仁慈之心來對待貧窮和受苦的人，

　　用耐心與愛心對待邪惡的人，

　　用寬容的心對待愚笨的人；

　　同情那些弱者與受壓迫的人，

　　特別要憐憫那些執著於具體的真實的人。

　　巴楚從來都不會放過任何周濟窮人的機會，在每次佈施乞丐後，他似乎比乞丐還要快樂。

　　一次，有個叫樸空的貧窮刻石匠向他求助一些錢。

　　「我可憐的朋友！」巴楚說：「只要你說『我不需要錢』，我就會給你。」

「我明明就缺錢嘛！」樸空不理解巴楚的意思。

巴楚仁波切將這句話重複了三次後，愚鈍的樸空才結結巴巴地說：「我不需要錢。」

大師立即給了他一大把錢幣。

有一個弟子請上師解釋他這樣做的原因。

巴楚沒有正面回答，而是向他講述了一個故事——

我們的世尊釋迦牟尼佛在世時，有位窮人供養他一顆糖果。一個貪婪的婆羅門看在眼裡，就上前去索取糖果，因為他知道佛陀從來不會讓人們的願望落空的。

佛陀說：「只要你說：『喬達摩，我不需要這顆糖果。』我就把它送給你。」婆羅門照做了，立刻得到了那顆糖果。

後來，阿難請佛陀解釋。佛陀對他解釋道：「在過去的五百世中，這個自私的婆羅門總是說『我需要』，我讓他說『我不需要』，是為了灌輸他不需求任何東西的意識，減少他的貪心，這樣

會在他心識上種下慷慨無私的種子。」

從此以後，一連好幾天，都沒有貧窮的刻石匠來見巴楚。因爲沒有贈與的對象，虔誠信徒的供養品便堆積起來了。

一天，巴楚飽受風霜的臉上呈現出了久違的微笑。「他們來了！」巴楚高興地喊道，接著便整理他所有的錢幣。

幾個窮困潦倒的刻石匠很快來到這裡。還沒等他們開口說話，巴楚就指著那些裝好了的錢幣說：「你們需要的都在這兒！」說著，就將整把的鈔票和銅板遞到他們的手中。「去刻嘛呢石，常養德行吧！」巴楚鄭重地說。

刻石匠們離開後，巴楚鬆了一口氣說：「我終於除去了這些舊廢物，它們就像腐爛的屍體一樣毫無用處。」

大昭寺

大昭寺創建於七世紀吐蕃王朝的鼎盛時期，建造的目的據傳說是為了供奉一尊明久多吉佛像，即釋迦牟尼八歲等身像。該佛像是當時的吐蕃王松贊干布迎娶的尼泊爾尺尊公主從加德滿都帶來的。之後寺院經歷擴建，目前佔地25100餘平方公尺。值得一提的是，現在大昭寺內供奉的是尼泊爾帶去的釋迦牟尼十二歲等身像。而八歲等身像於八世紀被轉供奉在小昭寺。

遇見雪人

　　不洗澡的人，身上擦滿香水也是不會香的。名聲與尊貴，是來自於真才實學的，有德自然香。

　　從前，有兩位來自雪千寺修行很高的瑜伽士，結伴前往東南部靠近阿薩姆邊境的神聖禁地蓮花溝。當這兩個人歷盡艱辛來到蓮花溝時，年長的瑜伽士的心智已經成熟到可以領受該地最神秘有力的地方——央桑。

　　當他準備隻身進入央桑的秘密地帶時，他的同伴提醒他說：「別忘了帶些銀子，您可能用得著。」

　　那位年長的瑜伽士並不需要任何東西，可是又無法拒絕同伴的好意，只得勉強收下了。當他走到無人的地方時，將那些銀子全都拋入空中，做為對三寶——佛、法、僧的供養。他沒有帶任何食物和個人物品，搖著金剛鈴和嘎嘎作響的顱器手鼓，穿越了引向禁地的透明大門。就在這一瞬間，他被彩虹光的雲霧包圍，再也不能看到他了。

　　他的同伴繼續前行，因為痛風發作變成跛子無法繼續趕路，只好在森林邊緣找了一個地方安頓下來。他並不感到孤單，因為那裡有成群的山羊，每天都像寵物一樣跟在他的後面。

　　在山丘的另一邊有一個廢棄的小木屋，他每天都會看見一個高大黝黑的人在那裡來回走動。此外，沒有任何其他的生物。

可是在最近的一個星期裡，他卻沒有看見那個奇怪的鄰居每日例行地走動。這個瑜伽士對那個神秘的人充滿了好奇，加上身體也覺得好些，就決定去那個廢棄的小木屋裡一探究竟。

當他踏入那個破舊的住所時，瑜伽士被嚇了一跳，原來屋裡躺著一個雪人。那個多毛的巨獸手腳攤開橫躺在地上，兩眼緊閉，咧開的大嘴露出了鋒利的尖牙。牠全身發燙，顯然是生病了。

瑜伽士發現雪人的一隻腳異常腫大而且充滿了膿水，在感染的部位有一塊尖銳的木頭碎片深深地扎在裡面。「這是很容易拔掉的。」瑜伽士自言自語地說道。「牠隨時都可以跳起來要我的命，可是出家人以慈悲為懷，我還是應該幫助這個可憐的傢伙。」瑜伽士堅定了自己的信念。

在他輕輕地拔除那塊長長的碎片時，雪人醒了過來，牠心裡清楚知道這是在救牠，便安安靜靜地躺著，就像病人打了麻醉藥躺在手術台上一樣。仁慈的瑜伽士小心謹慎地清除了膿液，洗清了傷口，並從自己的衣服上撕下一塊布包紮那隻怪腳。

做完這些事之後，他就躡手躡腳地離開了，回到那些可愛的山羊身邊。幾天後，他看到雪人一跛一跛地走到河邊去喝水，然後又慢慢地回到屋子中。過了一段時間，那隻怪獸又能行走如飛了。讓瑜伽士感到驚奇的

是，他那雙跛了的腳也開始慢慢地恢復正常了。當他痊癒後，卻再也沒見過那個身材巨大的雪人了。

一天清晨，瑜伽士發現那個兇猛的雪人突然像猩猩般從樹上一躍而下，向他扮了一個鬼臉，就匆匆地跑開了。幾天後，同樣的事又發生了，但這次雪人肩上多了一隻死老虎。

牠把這隻老虎的屍體放在瑜伽士面前，彷彿象徵著牠的感恩之心，然後又快速地躍進濃密的叢林中。

瑜伽士小心翼翼地將那張漂亮的獸皮剝下來，帶回雪千寺，供養給寺廟當做密乘儀式之用。直到現在，那張虎皮還留在寺廟裡。

格隆

即比丘，又名「淨乞食」、「乞士」，是受持《毗奈耶經》中所述二百五十三條戒律的僧侶。其梵文音譯為比丘或苾芻。比丘僧在廣大藏傳佛教信徒中享有崇高的地位。

大筵席

誇獎我們、讚嘆我們的，這都不是名師。責怪我們、指示我們的，這才是善知識，有了他們我們才會進步。

一天，巴楚聽說他的上師多欽哲就在鄰村，就對弟子隆投說：「我們到那邊去散散步吧！」

很快，他們來到搭著白帳篷的營區。在那裡，多欽哲由第二世多珠千陪伴著，和往年一樣趕著羊群正準備向達切多地方前進。在離營區很遠的地方，巴楚就面對著白帳篷，舉起雙手合掌致敬。

當他們抵達帳篷時，一個侍者帶他們直接去見多欽哲依喜多傑，巴楚走進帳篷裡，看見多欽哲身穿白色羊皮衣坐在桌前，獵槍放在身邊，獵狗則親昵地伏在他的腳邊。多珠千仁波切也是身穿白色的衣服，陪伴在老師的身邊。

多欽哲正在用一把巨大的獵刀切割烤好的羊肉，他看到巴楚到來，十分高興，邀請他坐在一塊華麗的手織地毯上。他召喚侍者，讓他立刻宰殺一隻羊來款待這位尊貴的客人。

巴楚是一個素食者，是反對殺生的。他從來不傷害生物，即使是最微細的昆蟲。他還極力反對遊牧族人宰殺牲畜來宴請佛教僧侶，更不希望因為他的來訪使一條生靈失去了性命。

　　侍者按照吩咐做了，他供養巴楚一塊上好的羊肉，巴楚歡喜地接受了。紐舒隆投卻憐憫那隻被宰殺的羊，他極力控制自己的情緒，以免觸怒高貴的主人。

　　多欽哲知悉隆投的心念，拋了一塊肉到他腿上。「拿去，這個給你！」他命令道。

　　用過餐之後，巴楚請求名為「大樂之後」的龍欽心髓空行母灌頂。多欽哲說：「這些教法我一直秘而不宣，但現在是時候了，今天我就把它傳給你。你將活到八十歲並利益所有你遇到的人，甚至那些僅聽聞你的名字的人都能免於墮入三惡道。」

　　在回去的路上，巴楚仁波切對隆投說：「他們是兩位活佛。如果你有純淨的正觀，就能看見他們是吉美林巴和他弟子第一世多珠千仁波切的真正轉世。」

　　隆投這才明白老師為什麼在他們面前保持如此謙卑的態度，即使是給他一塊羊肉，也高興地吃了下去。

　　巴楚仁波切指了指廣大寬闊的草原上那一大群羊，對隆投說：

「我教你這麼久的法，都無法保證你死後能往生蓮花生大師銅色山的淨土。但是那些羊經由兩位證悟聖人不可思議的加持後，都能直接投生銅色山。如果我們能生在那群羊中，不也是幸運的嗎？」

金瓶掣籤制度

　　西元1793年清朝頒佈「欽定藏內善後章程二十九條」時，創建金瓶掣籤制度，將其列入「善後章程」第一條；大皇帝為求黃教興隆，特賜一金瓶，規定今後遇到尋找活佛靈童時，邀集四大護法，將靈童名字及出生年月，用滿、漢、藏三種文字寫於牙籤牌上，放進瓶內，選派有學問的活佛，祈禱七日，然後由眾呼圖克圖會同駐藏大臣在大昭寺釋迦佛像前正式認定。為此，清朝特製兩個掣籤金瓶，一個用於達賴、班禪轉世靈童的認定，現存放於拉薩布達拉宮；另一個用於確認蒙藏大活佛、呼圖克圖的轉世靈童，現存放於北京雍和宮。

西藏的茶道

不要在你的智慧中夾雜著傲慢；不要使你的謙虛心缺乏智慧。

巴楚仁波切給他的前世巴給活佛修建了一面有名的嘛呢石牆，一切工作都是由他親自完成的。

在一個嚴冬時節，他來到嘛呢石牆附近紮營，準備在這裡進行禪修。

一天清晨，一個穿著破舊外套的小女孩走進了他的帳篷。

巴楚慈愛地問道：「小朋友，這麼冷的天為什麼還要這麼早出來？」

「我家的雌犛牛走失了，阿爸叫我來找牠。」小女孩渾身打著冷顫說。

這個親切的老賢者把她拉到自己的身邊，親切地說：「喝些熱茶取取暖吧！」

遊牧的藏民通常隨身攜帶著他們的木茶碗，將它放在衣袍的褶層裡。當巴楚的侍者梭切要幫她倒茶時，才發現小女孩沒有帶她的木茶碗。巴楚立刻從桌子上拿起自己的木碗，盛滿熱騰騰的酥油茶和炒熟青稞粉，遞到女孩的手中。

那個害羞的小女孩露出了遲疑的表情，巴楚的侍者更是驚訝萬分，一個平凡人的女兒竟然用大喇嘛的碗喝茶，這簡直是令人難以想像的。在大師的鼓勵下，小女孩終於把碗放到唇邊喝了起來，同時本能地將捧著茶碗的雙手，在磨得發亮的木碗上取暖。

巴楚仁波切一臉微笑地看著面前的小女孩。吃過熱食和茶後，小女孩用她骯髒的鼠皮外套仔細地擦拭大師的木碗。然後，她恭敬地伸出兩隻凍得紅腫的小手，把碗交給巴楚。

「孩子，是不是我的木碗太髒了，妳才想要去擦它！」巴楚風趣地說。隨後拿著木碗，給自己倒了一些茶。

他派弟子梭切幫忙找她家遺失的牛。「記得照顧好她，別讓她凍著！」巴楚叮囑道。

班禪

「班」字是梵文「班知達」的縮寫，意為通曉「五明學」的學者；「禪」字是藏文「禪波」的縮寫，意為「大」或「大師」；「額爾德尼」是滿文，意為「寶」。之後，班禪額爾德尼這一稱謂被確定下來，當然，有時仍簡稱「班禪」。現班禪額爾德尼活佛系統已轉世至第十一世。其駐錫地為西藏箚什倫布寺。

名字與名聲

你有你的生命觀，我有我的生命觀，我不干涉你。只要我能，我就感化你。如果不能，那我就認命。

蔣揚欽哲旺波到中年時就決定不再離開他的房子，想用剩下的時間一個人閉關禪修和祈禱。「從此以後，我將不再跨過這間房子的門檻！」他鄭重地發了這個誓言，隨後把他的鞋子交給侍者，讓他丟到附近的河裡。

幾年後的一個早晨，這位具有神通的文殊怙主一反常態地交代侍者要歡迎所有想來拜訪他的人。

那天黃昏，一個隱名的流浪乞丐逕自走進了欽哲仁波切的私人住處，將他自製的破背包重重地放在廚櫃上。「我來見涅頓，快讓他來見我！」他如此要求著。

這個衣衫襤褸的乞丐實在是太過分了，竟敢直呼他們尊貴上師的乳名。侍者們聽後大怒，全然忘記了上師的吩咐。

他們命令乞丐趕緊離開：「上師正在禪定中，沒有時間見你，改天再來吧！」

那個乞丐尖酸地說：「他現在變得了不起了，連當初一起共同分享乾酪的朋友都不認了。他的門檻也變高了，我連他的侍者都通不過。看來我還是走吧！別在這裡浪費我寶貴的時間了。」說著，就離開了。

這時，侍者們突然想起欽哲仁波切不尋常的交代。他們急忙追趕那個流浪漢，向他詢問姓名。暴怒的乞丐已經上路了，他頭也不回地回答道：「烏金！我就是烏金！回去告訴你們傲慢的師父吧！」烏金是蓮花生大師的名字，也是巴楚自己的名字。就這樣，侍者們眼睜睜地看著乞丐消失在山丘中。

當晚，欽哲仁波切向侍者詢問白天是否有人來見他。一個侍者回答道：「只有一個叫烏金的老乞丐來過，他粗魯地侮辱了您的名字，被我們趕走了。」

欽哲仁波切從座位上一躍而起。

「什麼！你們把他趕走了？」上師驚呼道：「那是我的師兄弟巴楚仁波切！還不快去把他給我請回來！」上師發怒了，鬍子都翹了起來。

那些羞愧的僕人，一個個紅著臉，經過漫長疲倦的找尋後，才在山谷遠方的森林裡找到巴楚的營帳。僕人們對他頂禮，並致以深深的歉意，請他到師父那裡做客。

巴楚大笑著說：「回去告訴那個小子，我正忙著禪修，沒時間去應酬。」

這是這兩位偉大人物最後一次直接的接觸。

> 藏傳佛教密宗的法器雖然繁多，不外修息、增、懷、誅四法。息為息災；增為增益；懷即懷愛，也就是敬愛；誅為誅魔，又稱降伏，也就是調伏。按此四種法門，所用法器也有所別，息災法多用白色，如銀製之件；增益法多用黃色，如金質之品；敬愛多用紅色，如銅器之類；調伏法多用黑色，如鐵製法器。四法之中，絕不隨便。藏傳佛教法器其形式皆仿自印度，偶爾稍加變更。

夏卡的雌犛牛

愛是理性的犧牲，而不是感性的佔有。愛是無怨無悔、心甘情願的奉獻，愛是美化外在環境、淨化內在心靈的源頭，愛是慈悲的顯現，也是修菩薩行、廣披有情的甘霖法雨。

夏卡仁波切是一吟遊瑜伽士，也是十九世紀著名的大圓滿傳承的大師。他寫的《生活與歌集》可以與《米拉日巴歌集》相媲美。

一天，夏卡仁波切的上師蔣揚嘉措圓寂了，夏卡和母親商量，決定將他們僅有的一頭犛牛奉獻出來，做為葬禮的供品。這頭犛牛是夏卡仁波切家裡唯一的財產，他的親友聽到這個消息後都很震驚。

一位親戚立刻趕來勸阻。「聽說你想把家裡的那頭雌犛牛獻做葬禮之用，是真的嗎？牠可是你們最重要的財產，你是不是瘋了！」親戚一臉焦急地說。

夏卡仁波切母子肯定地答覆了他的問題，同時對他的好意深表感謝。

那位親戚仍不放棄進一步努力說服，他接著勸說道：「可憐的瑜伽士，這個已故喇嘛最親近的弟子們也不過是供養了幾袋青稞粉，你只要表達一點心意就已經足夠了。畢竟，這又不是你父母的葬禮，還是將雌犛牛留下來吧！你們用得著。想一想你們貧困的日子，沒有這頭牛以後你們將如何生活？」

夏卡回答說：「我對這件事情的看法和您稍有不同。上師賜予了我們完全解脫和開悟的可能，他的仁慈是無法回報的。雖然上師和父母的愛心都是一樣

的，但是他的慈悲更甚於父母。」

接著他唱道：「即使因爲少了這頭雌犛牛而使我家破敗，我也沒有半點悔恨之情。就像諸佛所說的那樣：供養上師稍許物，更勝於供養千佛，因爲尊貴的上師原本就是佛的化身，是我們能面對面親見的。」

圓寂上師的葬禮莊嚴盛大，人們看見了無數神奇的跡象和徵兆。弟子們深受鼓舞，他們虔誠祈禱、供養、求法並發願利益眾生。夏卡在荼毗木堆上方的天空看到了上師微笑的臉。

後來，許多窮人都談論夏卡仁波切貢獻雌犛牛這件事。「那位自在的吟遊詩人夏卡將他僅有的那頭雌犛牛貢獻出來，這簡直是非比尋常！你們注意到在蔣揚嘉措葬禮上夏卡崇高無比的心靈所感知的一切嗎？」每個人都這樣津津樂道地說。

夏卡果報圓滿，不久就得到了一頭雌犛牛，那是他替一個富有施主抄寫一部神聖經典所得的報酬。又過了一段時間，夏卡在不同的吉祥場合又得到了第二頭雌犛牛。佛陀是公正的，每個人的付出都會得到回報的。

夏卡心裡明白，這些豐碩的好運都來自他已故上師的加持。上師始終與他同在，他是一位慷慨、不執著而且具有深奧涵意的親密提醒者。

項珠

　　也稱掛珠。種類很多，有菩提子、金剛子、蓮子、水晶、珍珠、珊瑚、琥珀、瑪瑙、玻璃、青金、白金、木槵子、人頭骨等，作法時掛於項上。

出世間智慧經典的口傳

　　與任何人接觸時，要常常問自己，我有什麼對他有用？使他得益？如果我不能以個人的道德學問和修持的力量來使人受益，就等於欠了一份債。出家是生世的事，修行是多生多劫的事。

　　從前，有一位不朽的成就者，他已完全超越這世間，像一頭野獸徜徉在山野叢林。據說這位瘋狂大智的大師曾經在依喜措嘉那裡接受了獨特、完整、正統傳承的《般若波羅蜜多經》，依喜措嘉就是得自蓮花生大師本人。世上沒有人能說得出那位成就者有多大年紀，在每個人的記憶中，他已經很老了。

　　甘珠喇嘛和他的友人決定從那位成就者本人處得到珍貴的口傳，決心不顧一切地去尋找他。他們攜帶了一些基本的

食物和用品，唱著愉快的歌曲，進入山裡去了。

一連幾個星期，這兩位年輕人走在偏遠山區裡，試圖尋找那位成就者。

一天，他們終於發現了他，那位成就者夾雜在一群喜馬拉雅山羚羊當中，四肢著地跟著飛奔。他是這兩位年輕人見過毛髮最長又最蓬鬆雜亂的人！

雖然他們心裡早已準備好了要面對各種情況，但是，這幕情景仍令他們震撼不已。他們跟在羊群後面追蹤這位不死的成就者。成就者企圖逃走，他藏身於一個入口半掩閉的山洞裡。

兩位瑜伽士毫不氣餒地守在洞口，很恭敬地請法，求他現身，然而成就者卻不肯出來。喇嘛們做了無數次懇求、頂禮、祈禱，唱了許多邀請、讚美的悅耳歌曲，並且迎請本尊般若佛母——空性化身，究竟真實的無限開闊。

接著，甘珠喇嘛和他的友人供養一場金剛薈供。當開悟者、傳承持有者、勇父和空行都被迎請前來接受供養時，那位瘋狂尊者才被迫走了出來。

「您叫什麼名字？」他們問。

「您叫什麼名字？」他眨眨眼回應他們的話。

「您多大年紀了？」喇嘛們想要知道。

「您多大年紀了？」成就者反問。

那位赤裸著身子、雙眼炯炯有神的成就者除了重複他們的話，就是長時間地保持沉默。喇嘛們用顱蓋杯盛滿青稞酒的甘露來供養他，唱著自然流露的開悟之歌。最後，那位高貴的成就者自己也開始唱了起來。

　　他唱說自己已經有十幾年不曾開口說人類語言了，沒有任何教法可以傳授。他不停地唱著，突然間，那兩個喇嘛興奮起來，並且毛髮豎立，因為他們聽出輝煌燦爛的《般若波羅蜜多經》開章偈頌，正從那位瘋狂瑜伽士的口中如瀑布般地傾瀉而出，持續好幾小時都無間斷，直到他唱完這部長長的經典。

　　彷彿從夢中驚醒，那位成就者眨了眨眼睛，驚嚇地跳起來，四肢著地奔向山林，重新加入羊群裡。兩位喇嘛回到人群中，將這口傳廣為傳播。

　　甚至到現在，那位成就者的名字——森瑪竺千都能喚起人心來歌唱。據說他仍活在西藏。

三怙主

　　又稱密宗事部三怙主，指佛部文殊、金剛部金剛手和蓮花部觀世音，此三尊為藏傳佛教各派慧經典的口傳。

小偷改邪歸正

　　最壞的人，也曾做過許多好事，而且不會永遠壞；好人也曾做過許多壞事，將來也不一定會好。我們如此反覆思索，所謂的冤親賢愚，這許多差別的概念，自然就會漸漸淡了。

　　巴楚仁波切在聶塘地方教授《入菩薩行論》時，有一位老人供養他一塊鑄成馬蹄形的銀子。老人沒有什麼財產，但因為對巴楚仁波切產生極大信心，他知道供養是有大功德的。

　　一星期的教學之後，巴楚離開那一帶。一個小偷曾看見巴楚收受那銀塊，就跟著他想伺機偷竊。

　　巴楚獨自走著，只想在星光下度過幾個寧靜的晚上。就在那一夜，當巴楚入睡後，小偷趁著黑暗潛近身來，巴楚身旁放著一個小布肩袋和一個陶製茶壺。小偷小心翼翼地開始搜查他的肩袋。

　　他手摸索的聲音驚醒了巴楚，巴楚叫道：「喂！喂！你在做什麼？在我的衣服裡找什麼？」

　　小偷迅速地回說：「有人給你一塊銀子，快拿出來給我！」

　　「唉！」這位上師叫著：「看你把自己的生命搞得一團糟，像個瘋子般地東奔西跑！你跑這麼遠來，就只為了那銀塊，可憐的傻瓜！聽著：現在趕快

去，天亮時你就可到達我坐的那塊草地……銀子就在那附近。我拿它當石頭來墊我的茶壺。在營火灰燼中找吧！」

小偷很懷疑，但看銀子又不在巴楚的行囊中；但銀子被拋棄在營火裡，對他來說是絕不可能的事情。無論如何，他還是回去找。他來到上師教學的地點，在火圈的石堆中找到了銀塊。

小偷大為驚訝，感嘆地說：「天啊！這個巴楚是一位真正的喇嘛，絲毫沒有世俗物質的執著，而我蓄意向他偷東西，得到的也只是造惡業，現在我肯定我一定會下地獄。」

他非常懊悔地再度去找巴楚。當他終於找到巴楚時，上師向他招呼說：「你又來了，真是瘋狂！我已經告訴你到哪裡去找你要的東西，現在你又要什麼？」

小偷非常激動，嗚咽著解釋：「不是這樣的！我找到了銀子，但是我不能認出您這麼一位大成就者，我已犯了罪！我那時原是要鞭打您並搶走您所有的東西！現在我向您懺悔並乞求您的原諒。」

巴楚勸慰他說：「不需要向我懺悔或要求原諒，只要以善心常向三寶（佛、法、僧）祈求就行了。」

後來，其他人知道這件事後，他們捉住那小偷並鞭打他。巴楚仁波切大聲責備他們：「如果你們傷害了我的弟子，就好像傷害了我一樣，放開他吧！」

四臂觀音

　　大悲觀音化身像之一。通常造型為一面四臂,第一雙手在胸前合掌,右下手持水晶念珠,左下手持八瓣蓮花。在做為密宗本尊時的形象為:有四頭,為藍、紅、白、灰四色;有四臂,身為藍色,腳踏仰臥男身像。

關於素食的辯論

　　慈悲的愛心要用智慧來滋養，唯有智慧才能莊嚴真正的愛。在智慧的引導之下，愛心才能發揮真正的善行；也唯有用智慧，才能免除那偽裝的愛心。

　　一天，在一場非正式辯論中，一些素食的喇嘛向一些食肉的對手，就殺生所牽涉的業報提出了辯論。

　　對手狡黠地說：「佛陀說我們不可以殺生，卻從沒說過我們不可以吃肉呀！」這實在是一個難以回答的問題，這位慈悲的喇嘛無言以對。

　　「你腳上穿的皮靴又如何說呢？更別提那些裝飾著你的壇城的絲綢錦緞了，那是由數以萬計煮沸的蠶的淚水織成的啊！」另一位對手質問道。

　　「你是否想過你那閃閃發亮的象牙念珠，大象就是因此而被殺的啊！」對手接著追問道。

　　還有一位補充說：「為了得到大麥和蔬菜、水果，我們在耕田、灌溉及收成時所殺害的昆蟲更是難以計數。奉獻一隻能養活許多人的大動物，要比為了幾撮麵粉而摧毀無數小生物要好得多！」

　　「富有的施主宰殺最好的牲畜，準備最豐盛的筵席來供養造訪的喇嘛，而這些喇嘛們都獻身於無我的利他，以及以平等的慈悲心來做所有的一切。接受如此豐盛的供養對我們來說不是顯得很虛偽嗎？我覺得問心有愧！」對手更是咄咄逼人。

那群尊貴的喇嘛中的一員開口說：「對我們這些專心致力於心智成長的人來說，靠簡單的食物來維持生命，遠比屠殺動物來吃牠的肉有道德得多！」

……

這場辯論就這樣繼續下去。

至於辯論的結論如何，那一定是要戒殺，要護生。佛陀也曾親口說過，這些事情很難判斷。也許唯有全知全能的佛才能徹底明瞭業力糾纏不清的深奧和複雜。

綿羊、山羊、公牛和其他動物在一旁安靜地吃草，牠們沒有非分的企圖，安生於這宇宙中業力所安排的處所，誰也無法突破這個互相連結、牢不可破、一體的網。這時，牠們恰巧也聽到了這場關於素食的辯論，便對佛法重新產生大信心。

牠們想：「僧眾們是多麼偉大啊！他們在極力保護我們這些可憐、無助、生來就為人類服務的馴服動物。」牠們對善良的喇嘛們充滿了感激。

屋內的那場辯論結束後，大家都走了出來。有個喇嘛走進這群牲畜當中，他手持一串古老的、磨得發亮的菩提子念珠，口中喃喃唸著大悲觀世音菩薩的咒言「唵嘛呢叭咪吽」。他不斷打量著這些牲畜，一個強壯的農人在後面跟著他。

「慈悲尊貴的師父啊！」山羊心想：「您看我的目光多麼美好，還為我向大悲觀世音菩薩祈求我皈依三寶。」

「就這隻吧！」喇嘛突然指向綿羊。農人一隻手持刀，另一隻手拿著繩子衝向前去，將那頭困惑的綿羊帶去宰殺。

那頭忠心的公牛和虔誠的山羊目睹這一幕，無不駭然。對於牠們自己可能面臨的命運和那一個喇嘛的慈悲心產生了深深的懷疑，這突如其來的惶恐導致牠們對佛法本身產生了疑問。

「綿羊先生對自己雪白的羊毛和鼓鼓的肚子的確是驕傲了點，難怪那可憐飢餓的僧人將牠送上餐桌。這種事是不會發生在像我這樣辛勞工作的牛身上的，一直以來，我日復一日地在烈日下拖著僧人沉重的犁，在石礫滿布的土地上耕作，他們一定會因感恩而保護我的。佛法是我們的皈依處啊！」公牛安慰自己道。

一切都來得太快了，握著念珠的喇嘛和持刀的農人又回來了，彷彿他們無事可做。喇嘛中意地看著大公牛，然後把牠強行拉走了。

斜眼望著這一切，老山羊仍對自己的命運充滿了希望，牠堅信自己性命無憂。「誰會要一個像我這麼無用的老傢伙，我的皮疤痕累累，更別提我衰老堅硬的肉了！」老山羊踢了踢牠的蹄子，幸災樂禍地想：「所有的讚美都毫無益處！我要皈依慈悲的佛，佛會平等保護一切眾生！」

就在那時，喇嘛和農人又來到了這裡，那迷惑的老山羊也被帶了出去。

其他的牲畜安心地啃著飼草，看到發生的一切。牠們想：「我們的朋友真幸運啊！被喇嘛們請去共進晚餐了。」牠們對師父們的信心更加堅定。

一隻蝙蝠倒掛在屋簷下，屠宰場傳來的可憐叫聲把牠從斷斷續續的白日夢中吵醒了，在瞬間的清醒下，牠心想：「我只皈依證悟的佛心。僧人持咒、祈禱的力量只是和他的心量一般大小。」隨後，牠又打起了瞌睡。

黑色護法神

黑色護法神，即吉祥天母，藏傳佛教各個派別都以其為護法神。因法力高深，且有威猛、慈善多種形相，所以也有多種稱呼，例如：瑪姬・三界勝母、瑪姬・欲界主母、百名母、千名母等。原西藏地方政府主要奉其威猛相的吉祥退勝母為護法神。吉祥天母像及其所依止的牛毛法幢皆為藍黑色，故被稱為黑色護法神。

上師至上

一句溫暖的話，就像往別人身上灑香水一樣，自己也會沾到兩三滴。

班智達那洛巴是一位大成就者，他生活在一千年前的北印度，曾經擔任過著名的那瀾陀大學的校長。瑪爾巴譯師是那洛巴出色的西藏弟子，他曾經三次長途旅行到印度去，修行由密續專家所傳授的金剛乘法教。瑪爾巴將大手印的傳承與教法帶回西藏，成為米拉日巴的上師，他還是噶舉傳承之父。

有一天，那洛巴以多臂寂靜本尊喜金剛的形象化現在空中，圍繞著八大眷屬。他對瑪爾巴說：「親愛的弟子，你是先向你的上師頂禮，還是先頂禮本尊？」

瑪爾巴心想：「我每天都會見到上師並接受他的法教，本尊卻是很難見到，今天我有幸能親見本尊，還是先向本尊頂禮吧！」

於是，瑪爾巴說：「我先向尊貴的本尊頂禮致敬。」

話音剛落，那奇妙莊嚴的展現突然消失了，又融入了那洛巴心中。

那洛巴上師宣稱：「法子，如果沒有上師，人們無法聽聞佛法，更別說觀修本尊了。因此，孰先孰後你應該明白。很明顯，虔敬上師是個人發展的關鍵。本尊僅是上師的化現，千萬不要被幻化偽相所欺瞞！」

瑪爾巴大受教益。

從此，他非常尊敬他的上師，拋棄了所有其他的形式和偶像。他修持上師相應法，將自身的心性與上師的智慧心性相互結合，建立了噶舉派虔敬的傳承。

一個人的精神導師甚至比佛還要慈悲，因為上師視弟子為他個人的責任，提攜弟子走向解脫和開悟的正道。密續有言：「在接受一個人做為你的精神導師之前，你必須審慎地檢視，因為之後，上師的話語就是法。」

忿怒文殊
藏語稱「堅白戳臥」，據傳大威德（作怖金剛）、紅閻摩敵、大黑閻摩敵、六面童子等都是文殊菩薩所現的威猛之相。

母親的恩情

真正的殘疾，不是外在的身根不全，而是心裡沒有慈悲、包容。真正的缺陷，也不是環境的困頓、塞厄，而是自己喪失信心。

證悟的流浪漢巴楚和他的弟子隆投住在東藏靠近給芒寺的荒野之處，用極少的糧食維生，以內在的大圓滿做禪修。

有一次，巴楚仁波切和紐舒隆投在雜竺喀的隱蔽山區閉關。隆投的母親從遠方為他們送來一大塊上好的犛牛乳酪，那是她日復一日用她滿是老繭的雙手辛勞地從新鮮牛奶中攪拌而得的。

隆投立刻把這些新鮮的乳酪供養給他的上師。

巴楚喊道：「這實在是太貴重了！你母親是多麼疼愛你呀！我不能接受這份禮物。」

幾天後，巴楚問隆投：「在祈禱時，你會想起你的母親嗎？」

隆投坦白地說：「我有時會想到她。」

「你真丟臉啊！」巴楚大叫著說：「她把你帶到這個世界上來，並且給了你一切。我給你七天的時間，你必須只觀想母親無比的慈愛！」

一週之內，這位聽話的弟子對他母親的慈愛有了新的體會，對所有眾生的慈愛也有了更深的瞭解，因為無始劫中每個眾生彼此都曾互為母子。感恩之情

在隆投心裡如鮮花般綻放開來，一種利他菩提心的深邃體驗如東方的紅日在他心靈升起。他從前所發要救渡一切眾生的菩薩願更為增強。

隆投向巴楚報告這種感受，巴楚評論道：「如寂天菩薩所言：『經由禪觀，無一事不可成；萬事皆由熟而能生巧。』可惜的是，大部分的人都不修禪觀；果真修觀，就很容易進步而達到開悟。」

然後巴楚大聲祈求：「願一切有情具樂與樂因；願一切有情離苦與苦因。願一切有情不離永久滿願與和諧；願一切有情常住內在寧靜與大平等舍。」

透過預知未來的能力，巴楚預知到了隆投的母親將不久於人世。他告訴弟子說：「雖然從前我交待你不可以接受供養，現在你應該接受供養做為給你母親的禮物。」

紐舒隆投長途跋涉回去見他母親最後一面。他把雜竺喀地區信徒供養他的所有東西全部獻給母親，為她最後的時光帶來了極大的快樂。當她過世時，他引導著母親往生善道。

隆投代表他的母親對他的上師表示感激，並且很高興能滿足上師的願望。從此以後，他不再積聚任何財物，回到山上後，不久就證悟了。

渡母

渡母，藏語稱「卓瑪」，漢譯稱「救渡佛母」或「多羅菩薩」。渡母多以化身顯現，通常 為二十一相，但在藏傳佛教藝術中出現的渡母至少有三十餘種，是重要的女性尊神。渡母為女性菩薩，造像特徵：溜肩蜂腰，高乳豐臀，束高髻，餘髮披於身後。

白玉騰龍佛學院簡介

　　白玉騰龍悉地海洲位於四川省阿壩州境內的騰龍山納措嘎莫湖畔。騰龍山自古就列為佛教有名聖地，蓮花生大士遺言：雪域之東有神山，山峰神海鑲嵌，此地就是銅色吉祥山。佛陀在《無垢稱經》中親自授記：鄔金第二佛──蓮花生大士等許多大持明者加持，大慈大悲怙主觀世音菩薩所化剎土──藏地雪域康藏交界地帶，一個景色怡人、群山環抱、聖海蕩漾，名為法源聖地。此地是許多大成就者獲得殊勝悉地的聖處，近代就有多達二十五位修行者在此虹化。

　　80年代初活佛確真降措仁波切迎請了大持明貝馬嘎旺堪布到來騰龍講經傳法。並且建設了藏傳佛教寧瑪派騰龍夏周達爾基寺作為講課的法堂。這是佛學院的初形。隨著歲月風雪的洗禮，當初建設的簡陋經堂已經搖搖欲墜。1998年冬天，堪布土丹尼瑪仁波切在假期間從白玉祖庭到來騰龍。看到老少喇嘛們坐在破漏的舊經堂裡，在嚴寒中哆嗦，但依然精進的上課。如此情況，叫堪布心生悲憫。發願重建佛學院。

堪布的願望得到了當地政府和民眾的支援。政府並批出建寺土地30畝。從此後至今，堪布不惜以自己微薄的收入，少部分弟子的幫助和親戚朋友們的貸款所得的淨資購買建材，親自帶同寺廟的喇嘛用體力和簡便的工具，歷盡身心的艱苦。五年來建設了一間小經堂供臨時之需，平整了30畝的土地，修了一條5公里長可以通車的慈悲之路，為建設作了前行的準備。

　　法王晉美彭措如意寶得知其愛徒土丹尼瑪堪布的大願，於2003年病危之際，還親臨堪布家裡並賜於非常稀有的「發願文」。白玉祖庭住持活佛覺康土登巴絨仁波切也為心子的悲心所感動，為了能使佛學院的興建能夠得到順緣助力，於2002年不惜勞累親臨騰龍來主持為期14天的寶藏瓶法會，並為佛學院命名「騰龍悉地海洲佛學院」。

ༀ།། གཟར་ཐང་བླ་རུང་ལྔ་རིགས་ཉན་བསྟན་སྐྱོབ་ཁྲིད།།

བསྟན་པའི་རྩ་ལག་བསྟན་འཛིན་སྐྱེས་བུ་ཕྱགས་མཐུན་ཁྲིམས་གཅང་ཡུང་རྟོགས་འཕེལ།།

རིམ་གཉིས་ལམ་གྱིས་དངོས་གྲུབ་སྟེ་དྲིའི་དཔར་མཚོ་སྐལ་བཟང་དཔལ་དུ་འཕྲེལ།།

འབྱོར་ལོ་གསུམ་གྱི་དགེ་མཚན་གསར་བས་ཕྱུག་བསྟན་ཆོས་ཀྱི་སྐྱིད་དགོན་འདི།།

བསྐལ་བའི་མཐར་ཡང་ཉམས་པ་མེད་པར་ཡུན་ནས་ཡུན་ཏུ་མཛེས་གྱུར་ཅིག།

ཅེས་པ་འདི་འཛིགས་མེད་ཕུན་ཚོགས་འབྱུང་གནས་ཀྱིས་ལྷག་བསམ་དག་པས་སྟོན་པ

དེ་དེ་བཞིན་ཏུ་འགྲུབ་པར་རྒྱལ་བ་སྲས་བཅས་རྣམས་ཀྱི་མཐུན

གྱུར་གནང་བར་མཛད་དུ་གསོལ།།

騰龍悉地海洲創建指導上師白玉土絨仁波切

國家圖書館出版品預行編目（CIP）資料

雪域梵歌：藏傳佛教流傳最神奇的故事 / 活佛確真降措
仁波切，堪布土丹尼瑪仁波切審訂 . -- 第一版 . -- 臺北
市：樂果文化出版：紅螞蟻圖書發行，2016.01
　　面；　公分 . --（樂信仰；6）
ISBN 978-986-92479-4-8（平裝）

224.515　　　　　　　　　　　　104025008

樂信仰 6

雪域梵歌：藏傳佛教流傳最神奇的故事

審　　　　訂／活佛確真降措仁波切，堪布土丹尼瑪仁波切
總　編　輯／何南輝
責　任　編　輯／韓顯赫
行　銷　企　劃／黃文秀
封　面　設　計／鄭年亨
內　頁　設　計／申朗創意

出　　　　版／樂果文化事業有限公司
讀者服務專線／（02）2795-3656
劃　撥　帳　號／50118837 號　樂果文化事業有限公司
印　刷　廠／卡樂彩色製版印刷有限公司
總　經　銷／紅螞蟻圖書有限公司
地　　　　址／台北市內湖區舊宗路二段 121 巷 19 號（紅螞蟻資訊大樓）
　　　　　　　電話：（02）2795-3656
　　　　　　　傳真：（02）2795-4100

2016 年 01 月第一版　定價／ 300 元　ISBN 978-986-92479-4-8